당신들을 기억하며

극동방송 희망칼럼, 그 네 번째 이야기
당신들을 기억하며

초판 발행	2019년 3월 1일
지은이	한양훈
펴낸이	한뿌리
펴낸곳	有하
등록	2014년 4월 24일 제 2016-000004호
주소	서울 강서구 방화대로 44길 49
전화	02-2663-5258
팩스	02-2064-0777

값 13,000원

ISBN 979-11-85927-22-0   03230

* 이 책의 저작권은 저자에게 있습니다.

{ 극동방송 희망칼럼, }
{ 그 네 번째 이야기 }

당신들을
기억하며

| 한양훈 지음 |

머리말

*

 이 책은 2018년 한 해 동안 극동방송에서 '희망칼럼'으로 방송한 내용을 엮은 것이다. 앞서 펴낸 『하늘 보좌를 향하여』, 『은혜로운 신비로운』, 『마음 그릇에 담는다』에 이어 네 번째 칼럼집이 되는 셈이다. 이것이 가능했던 것은 극동방송에서 부족한 내게 계속해서 칼럼을 방송할 수 있는 시간을 주셨기 때문이다. 마음 깊은 감사를 드린다. 올해에도 주어진 시간에 나 자신을 돌아보고 한국교회 성도들을 생각하며 칼럼의 시간을 함께하고 싶다.

 나 자신을 생각해보면 자랑스러운 일도 없지 않지만 부끄러운 일이 더 많다. 또한 우리의 교회들도 허물이 눈에 뜨이지만 그렇더라도 성도들이 주님을 바라보며 열정을 가지고 주님의 몸 된 교회를 섬기고 있는 것을 보면 마음이 뿌듯하다. 나는 한국교회는 분명 밝은 미래가 있다고 생각하며 산다. 누가 뭐라고 해도 교회의 주인은 주님이시고, 주님은 신실한 일꾼을 세우셔서 이 시대에 복음을 확장해나가실 것을 믿는다. 그래서 나는 즐거운 마음으로 칼럼의 시간을 함께했다. 이 작은 책자가 성도들에게 영적으로 도움이 되기를 소원한다. 이 책이 나오기까지 수고해 준 김해경 전도사와 비서 이소진 자매에게 감사드린다.

2019. 3. 1
한양훈

차 례

머리말_05

1부 첫 달 그리고 이월과 삼월

늦지 않았다_13
쓸모 있는 사람_17
항상 기도하는 것_19
회개 기도_23
하나님이 좋다_29
새 일을 행하신다_33
거울_37
겨울_41
청계산 기도원에서_45
쓰레기 처리_49
다양한 차, 다양한 사람_53

2부 사월과 오월, 유월

철새_59
꽃을 피우자_63
뿌리_67

기념_71
불꽃놀이_75
손님/ 불청객_79
성령 강림_83
제비뽑기_87
피라미드형_91
희미한 세상_95
보고 듣고 느끼는 한계_99
상처 난 내 영혼과 심령_103

3부 칠월과 팔월, 구월

교육_109
흠도 티도 없이_113
서로의 죄를 회개하다_117
한 단계 한 단계_121
새로운 맛, 오래된 맛_125
쉼을 얻기 위해_129
죽은 나무_133
소박한 삶_137
친구_141

갈증_145
가이드_149
물건 오래 쓰기_153
훈련이 필요하다_157

4부 시월과 십일월 그리고 마지막 달

주인이 바뀐다_163
혹사당함_167
개혁의 달_171
치장하기_175
추수를 경험하라_179
빈 땅 차지하기_183
생존_187
영적 세계를 알자_191
이 시대의 특징_195
열매로 알다_199
잘 익은 열매처럼_203
원형_207

1부

:

첫 달
그리고
이월과 삼월

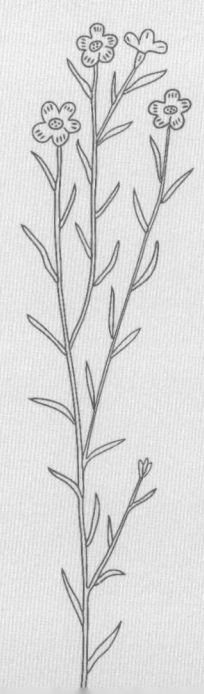

*늦지
않았다*

* **

   인생을 살다 보면 젊은 나이에 일찍 삶의 목표를 이루고 안정과 성취를 맛보는 사람이 있습니다. 축복받은 사람입니다. 신앙생활에서도 젊은 시절에 큰 은사를 받거나 영적 체험을 하거나 영적 성장에 도달한 사람도 있습니다. 축하할 만한 일입니다. 어느 분야에든지 앞서 달려 나가는 사람이 있습니다. 선두주자인 셈이지요. 우리가 사는 이 세상은 경쟁이 치열한 사회이므로 먼저 성취한 사람이 대접받고 열매를 많이 거두게 됩니다.

   그런데 주위를 보면 이제 출발한 듯 보이는 사람, 열심히 달려가지만 아직 성과를 내지 못한 사람들도 있습니다. 또 많은 사람은 아직 목표를 정하지도 못하고, 출발선에 선 것처럼 보이지도 않습니다. 이들 중에는 아직 배우고 있는 학생뿐만 아니라, 이제는 자신의 인생에서 목표를 정하고 달려가야 할 나이가 되었거나 그런 상황에 부닥쳐 있는 사람들도 있습니다.

다른 사람들과 똑같이 달려 나가서 성취와 안정을 이루지 못한 데에는 여러 이유와 사정이 있을 것입니다. 어떤 사람은 경제적인 어려움으로 인해 학업에 전념할 수 없어서 뒤처졌을 것입니다. 또한 어떤 사람은 자기가 속해 있는 구성원들과 마찰이 일어나고 갈등이 생겨서 능력을 충분히 발휘하지 못한 경우도 있을 것입니다. 또 어떤 사람은 이 세상에 너무 실망하여 이러한 사회에 계속 적응해야 하는지 갈등하기도 합니다. 마음이 순수한 사람일수록 사회와 나라에 대한 실망은 큽니다. 이런저런 이유로 직장생활을 포기하거나 자기 스스로 사회 구성원으로서 자격을 내려놓고 세상을 버린 사람도 있습니다.

이 새해에는 새로운 용기를 갖고 새 목표를 세워 열심히 앞을 향해 달려 나갔으면 좋겠습니다. 늦게 출발했을지라도, 이제 출발 준비를 한다 할지라도 결코 늦은 것이 아니며, 하나님이 허락하신 삶을 의미 있게 보낼 수 있습니다.

이 세상에는 출발이 늦었어도 목표를 이룬 사람이 많습니다. 그중에는 큰 성공을 거둔 사람도 있습니다. 이것은 정치와 경제, 사회와 학문 어느 분야든지 마찬가지입니다. 기독교 안에도 뒤늦게 예수 그리스도를 영접했거나, 신학 공부를 늦게 시작하고 사역자로 섬기는 사람 중에 하나님과 교회 앞에서 칭찬을 듣는 사람들을 예상 외로 많이 발견할 수 있습니다. 성경을 보면 모세는 80세가 되어서야 하나님께 부름을 받았고, 40년간 하나님의 종으로, 또 이스라엘 백성의 지도자로 살았습니다. 이스라엘의 유명한 랍비 아카바도 40세가 되어서야 율법을 공부했는데, 후에 이스라엘 최고 랍비가 되었습니다.

우리가 일찍부터 예수님을 믿고, 하나님께 가까이 나아가며, 주님 나라에 충성하는 것은 정말 좋은 일입니다. 그러나 여러 가지 이유로 뒤늦게 주님 앞에 나아가는 사람들이 많이 있습니다. 이것은 결코 실망할 일이 아닙니다. 출발이 늦은 것은 사실이고, 이루어놓은 업적이 적거나 없는 것도 사실입니다. 그러나 우리의 장래를 인도하시는 분이 하나님이신 것을 믿고 나아간다면 하나님이 예정하신 바대로, 그 섭리하신 분량대로 주님께 충성을 다할 수 있습니다. 그리고 "잘하였도다 착하고 충성된 종아"라고 하시는 주님의 칭찬을 들을 수 있습니다.

예수님은 "먼저 된 자가 나중 되고 나중 된 자가 먼저 되는 일이 많다"라고 하셨습니다. 남을 끌어내리고 내가 앞장서거나, 남이 망하기를 기다리며 내 꿈을 이루는 것이 아닙니다. 우리가 언제 어느 때나 주님을 믿고 의지한다면 그때가 바로 우리가 출발하는 시점이고, 주님의 은혜로 속히 달려갈 수 있는 것입니다.

"목사님, 저는 언제 회개를 다할까요?"라고 묻는 성도님들이 있습니다. 죄를 회개하는 것은 성도의 삶에서 가장 중요한 일이고, 회개는 그리스도와 가까워지며 성화에 이르는 길입니다. 예수님을 믿고 회개한 사람은 세상에서 가장 축복된 길을 선택한 것입니다. 오늘도 주님을 의지하고 세상을 살아갑시다.

쓸모 있는 사람

*
**

　새로 시작된 한 해, 주님을 의지하며 하루하루 힘차게 사시기를 기원합니다. 하나님이 성도들을 사랑하시니 우리도 주님을 사랑하며 삽시다. 성경을 보면 하나님이 인간을 창조하셨다고 하셨습니다. 이 말에 어떤 사람은 고개를 끄덕일 것이고, 또 어떤 사람은 의아해할 수 있습니다. 그러나 하나님은 인간을 창조하셨고 소중히 여기십니다. 사람이 위대한 것은 짐승과 비교하여 탁월한 부분이 많이 있기도 하지만 우선 하나님의 형상대로 지어졌기 때문입니다. 이 세상에 하나님을 닮은 피조물은 우리 인간 외에는 없습니다. 더군다나 하나님이 성도를 선택하셔서 그분 자녀로 삼으셨으니 예수님을 믿는 성도는 존귀한 존재입니다. 존귀한 사람은 말과 행동을 함부로 해서는 안 되며, 삶을 살아갈 때도 고상하고 존귀한 사람답게 살아야 합니다.

우리가 사는 이 세상에는 가슴 아픈 일이 참 많은데, 그것은 하나님의 형상을 입은 사람이 짐승처럼, 아니 짐승보다도 더 추하게 살기 때문입니다. 우리 인간이 날마다 하나님을 가까이하고, 날마다 죄를 회개하며 거룩하게 산다면 이 세상은 얼마나 평화롭고 살 만한 곳이 되겠습니까. 그런데 오히려 악한 생각과 악한 마음으로 죄지을 생각을 하면서 범죄하니 세상이 지옥처럼 변질되어가는 것입니다.

성경은 우리에게 죄의 배후에는 사탄이 있다고 가르쳐줍니다. 사탄은 사람을 통해 성도를 공격하는데, 우리 인생은 너무 연약하여 아주 작은 공격에도 상처받고 좌절하며 우울해합니다. 또한 사탄은 성도든 아니든 죄를 짓도록 조장하는데, 마약과 술 취함과 방탕과 방종을 조장합니다. 또한 폭력과 살인과 방화와 온갖 더러운 일을 행하게 합니다.

하지만 하나님을 믿는 신실한 성도는 죄와 타협하거나 동행하지 않고 하나님 말씀대로 살아가야 합니다. 성경을 보면 금 그릇과 은 그릇이 있다고 하는데, 우리 자신이 바로 그 주인공이 되어 귀히 여김을 받는 쓸모 있는 사람이 되어야 합니다. 저는 올해 저희 교회 달력을 '훌륭한 인물들'이라는 주제로 주문 제작을 했습니다. 성경 말씀을 주제로 한 달력도 있고, 성지를 배경으로 한 것도 있었지만 저는 성경 인물로 정했습니다. 1월에 선정된 인물은 유진 벨 선교사입니다. 이분은 미국 출신으로 가난한 이 땅에 선교사로 오셔서 사역하시다가 양화진 선교사 묘역에 안장되었습니다. 그분의 후손은 4대째 우리나라를 위해 헌신하고 있습니다. 우리는 그런 분들에 대해 잘 알고 많이 이야기해야 하며, 또한 널리 자랑해야 합니다. 그래야 우리 후배들도 그 마음을 느끼고 그런 분들을 닮아 살아가는 계기가 될 것입니다.

우리도 단순히 "예수 믿고 구원받는다"라는 단계에 머무르지 말고 주님 나라와 교회를 위해 이웃을 섬기고 봉사해야겠다는 마음을 품으면 좋겠습니다. 세상이 힘들고 어려울수록 하나님께 속한 사람들의 헌신이 필요합니다. 이 세상에서 자기 욕심을 따라 자기 이익을 위해 살고, 또 자기가 해보고 싶은 것 다 하면서 사는 사람들을 보면 나는 너무 고리타분하게 사는 것이 아닌가 생각하는 사람도 있을 것입니다. 하지만 하나님 말씀대로 사는 사람이 최후의 승자가 되는 것은 너무나도 명백한 사실입니다. 부정적인 면이 많은 이 세상이지만 부정적으로만 보지 말고, 아름다운 사회를 만들기 위해 내가 꼭 필요하다는 확신을 가지고 노력한다면 언젠가 세상이 알아주고, 특히 주님이 인정해주실 것입니다. 한 해를 시작하면서 우리 모두 멋진 삶을 설계하면 좋겠습니다. 이 한 해를 당신의 것으로 만드십시오.

항상 기도하는 것

✱
✱✱

하나님이 또 한 해를 저희에게 맡겨주셨습니다. 그래서 우리는 청지기의 자세로 한 해를 살아가야 합니다. 하나님은 우리 각자에게 적합한 환경을 주셨습니다. 우리 한 사람 한 사람은 주님이 주신 환경 안에서 주님을 바라보고 최선을 다해 살아가야 합니다.

대부분 성도는 한 해 동안 어떻게 살아야겠다고 계획을 세우고 다짐하며 또 기도에 힘쓸 것입니다. 물론 그렇지 않은 성도도 있을 것입니다. 열심히 계획을 세우고 최선을 다했는데도 뜻대로 되지 않고 아무 진전이 없거나, 도리어 옛날보다 더 후퇴하고 상황이 나빠지는 경험을 했기 때문일 것입니다. 아니면 계획한 것이 다 이루어져 올해에는 더 이상 소원도, 기도 제목도 없다고 하는 사람도 있겠지만 그런 사람은 아마 소수일 것입니다. 그러나 기도가 응답되었든 되지 않았든 주님이 맡기신 일들에 대해 성도는 항상 충성을 다해야 합니다.

우리는 어떤 환경에 처해 있던지 항상 주님을 바라보고 기도에 힘써야 합니다. "항상 기뻐하라 쉬지 말고 기도하라 범사에 감사하라"는 말씀은 그저 듣기 좋고 은혜로운 성경 구절이 아니라 우리가 꼭 실천해야 할 말씀입니다. 특히 "쉬지 말고 기도하라"는 말씀은 우리에게 생명수와 같습니다. 우리가 항상 기도에 힘쓸 때 하나님에게서 생명수를 공급받기 때문입니다. 어떻게 사람이 쉬지 않고 기도할 수 있을까 의심하는 마음이 들 수도 있습니다. 그러나 우리는 쉬지 않고 기도할 수 있습니다. 하나님이 살아계신 것을 인식하고 체험하며 늘 깨어있는 신앙생활을 한다면 이것은 얼마든지 가능한 일이며, 실천할 수 있는 하나님의 명령입니다.

아침에 일어나자마자 잠자리에서 "주님, 제가 잠을 자고 이제

일어났습니다"라고 말하면 됩니다. 하나님은 계시지 않은 곳이 없으니 하나님이 옆에 계신 것을 느끼든 느끼지 못 하든 친아버지와 이야기하듯 대화를 나누면 됩니다. 식사를 할 때도 진심으로 감사 기도를 드리고, 출근할 때도 "주님, 오늘 일터에 갑니다. 힘을 주세요"라고 기도하고, 인파로 붐비는 지하철을 타고 가거나 차를 운전할 때도 핸들을 잡은 채 우리 옆에 계신 주님께 다정하게 말을 건네고 대화를 나누면 됩니다. 이렇게 하루 종일 주님과 대화를 나누다가 잠자리에 들 때는 하루를 함께해주신 주님께 감사하면 됩니다. 또 "주님, 잠잘 때 저를 사탄에게서 보호해주세요"라고 하면서 주님이 나를 보고 계시고 내 목소리를 듣고 계신 것을 믿는 것입니다. 저는 어느 때는 주님께 '엄지 척' 하고, 어느 때는 '브이' 자를 그려 보이며 감사함을 표현합니다. 또 어느 때는 두 팔을 벌리며 "할렐루야!"라고 외치고는 잠이 듭니다. 그리고 잠이 들기 전까지 주님을 생각합니다.

　우리는 하루 종일 얼마든지 주님께 쉬지 않고 기도할 수 있습니다. 하나님은 우리가 도저히 지킬 수 없는 것을 강제로 지키라고 명령하시거나 가르쳐주신 것이 아닙니다. 이렇게 잠이 들면 주님은 꿈속에서라도 성경 말씀을 깨닫게 해주시거나, 누구를 만나서 어떤 말을 해야 하는지 깨닫게 해주십니다. 그리고 무슨 기도를 해야 할지도 가르쳐주십니다. 예수님을 믿는다는 것은 지금도 살아계시고, 성도를 도우시며, 성도의 기도에 응답하시는 분을 믿는 것입니다. 성경 속에 갇혀 있는 예수님을 믿는 것이 아니라 믿음으로 사는 성도에게 찾아오셔서 일하시는 예수님을 믿는 것입니다. 한 해를 시작하고 3주가 지났습니다. 주님과 깊은 대화를 나누십시오. 기도하는 입을 쉬지 말게 하십시오. 기도하는 입은 복된 입이 됩니다. 주님은 오늘도 우리의 기도를 들으실 준비를 하고 계십니다. 멋진 한 해를 사십시오.

회개 기도

*
**

    한 해를 시작한 지가 엊그제 같은데 벌써 1월의 마지막 날이 되었습니다. 시간이 쏜살같이 지나갔습니다. 저와 여러 동역자와 성도들은 지난 3주 동안 열심히 기도하면서 보냈습니다. 아침 10시 30분에 시작하여 오후 9시까지 기도했습니다. 시간을 내 개인적으로 하나님께 기도하는 것도 귀하지만, 그리스도 안에서 형제자매 된 사람들이 함께 모여 한목소리로 기도한다는 것은 정말 귀한 일이고 권장할 만한 일입니다. 지난 한 해를 정리하고 새로운 한 해를 주님께 맡기면서 기도하기 위하여 60여

명이 모였습니다. 나름대로 큰 의미와 성과가 있었다고 생각합니다.

우리는 주로 회개의 기도를 했습니다. 우리는 사는 동안 하나님께 간구할 것이 참 많습니다. 바라는 일도, 해결해야 할 일도 많기 때문입니다. 그렇지만 이번에는 주로 회개에 집중했습니다. 우리 자신을 보아도, 가정을 보아도 또 나라와 민족을 보아도 회개할 일이 많다고 여겨졌기 때문입니다.

창세기 35장 3절을 보면 야곱은 자기와 함께한 가족과 사람들에게 "우리가 일어나 벧엘로 올라가자…내가 거기서 제단을 쌓으려 하노라"고 했습니다. 사실 하나님이 야곱에게 먼저 벧엘로 올라가서 제단을 쌓으라고 명령하셨습니다. 이때는 야곱과 그의 식구들 앞에 위기가 닥쳤던 때였습니다. 야곱의 아들 시므온과 레위가 세겜에 있는 동안 그들의 여동생이 그 지역 성주인 하몰의 아들 세겜에게 모욕을 당했고, 그들은 이 일에 대해 보복을 했습니다. 많은 사람을 죽이고, 재산을 빼앗고, 그들의 아내와 딸들을 붙잡아왔습니다. 이로 인해 그 지역 사람들과 전면전이 일어날 수 있는 상황이었고, 잘못하다가는 야곱의 가문이 몰살당할 수 있는 위급한 상황이었습니다.

하나님의 명령을 받은 야곱은 즉시 가족에게 벧엘에 올라가 제단을 쌓겠다고 선언했습니다. 그리고 조건을 내놓았습니다. "너희에게 있는 이방 신상을 버리고"라고 했습니다. 저는 청년 시절에 이 말씀을 처음 보았습니다. 야곱의 가족은 하나님을 믿는 사람들인데 어떻게 이방 신상을 가지고 있는 것인지 이해하지 못했습니다. 야곱이 바벨론 지역인 밧단아람에서 삼촌 라반을 떠나올 때 라헬이 야곱의 삼촌이자 자기 아버지의 우상인 드라빔을 낙타 안장에 숨겨서 갖고 나왔습니다(창 31:34). 그래서 야곱 가정에는 그때까지 라헬이 가져온 드라빔뿐만 아니라 알게 모르게 들여온 다른 신상들도 있었던 것으로 보입니다. 야곱은 가족에게 신상을 버리는 것뿐만 아니라 그들 자신을 정결하게 하고 의복을 바꾸어 입으라고 명령했습니다. 마음을 정결하게 하고 배교사상과 온갖 더러운 생각을 버리라고 한 것입니다. 의복을 강조한 것은 아마도 이방 신을 섬기는 것과 관련된 복장을 말한 것으로 생각됩니다.

그 명령을 받은 이들은 이방 신상들과 귀에 걸고 있던 귀고리들을 야곱에게 주었습니다. 귀걸이도 성결과 배치되는 영적으로 부정한 의미가 있었던 것으로 보입니다. 그 후 야곱의 일행이 벧엘로 향했을 때 그들을 공격하려고 추격한 사람들이 없었습니다. 하나님이 그 주변을 두렵게 하셨기 때문입니다.

　회개는 이처럼 위기에서 벗어날 수 있는 중요한 영적 행위입니다. 하나님은 죄를 짓는 것을 매우 싫어하시지만 회개할 때 용서해주십니다. 그러나 회개하지 않는다면 하나님이 죄의 값을 물으실 것입니다. 저는 저 자신을 볼 때 하나님이 법적으로는 의인이라고 칭해주셨을지라도 실상은 죄인이라고 생각합니다. 저의 가족과 가문이 범죄하였고, 한국교회는 신사에 참배한 큰 죄를 지었습니다. 우리 민족이 지은 죄는 말로 다 할 수 없습니다. 회개만이 하나님께 나아가는 통로를 여는 열쇠이고 하나님의 도우심을 받을 수 있는 길입니다. 저는 지난 3주 동안 회개하는 시간이 정말 즐거웠습니다. 저는 또다시 죄를 회개합니다.

하나님이 좋다

*
**

　새해를 시작하고도 이제 한 달이 더 지나 새 달을 맞이하게 되었습니다. 지난 한 달 동안 주님을 바라보면서 하루하루 복된 시간을 보내셨을 것이라고 생각합니다. 몇 주 전, 택시를 운전하시는 집사님이 오랜만에 찾아오셔서 대화를 나누었습니다. 그분은 자신이 핸들을 잡고 운전하는 동안, 그러니까 하루에 10시간 이상 극동방송을 틀어놓으신다고 합니다. 방송을 들으면서 주님을 생각하고, 믿음을 키우고 유지하기 위한 것입니다. 그분은 택시를 타는 손님들에게 전도도 하고 상담도 해준다고 합니다. 어떤 손님은 극동방송을 꺼달라고 하고, 다른 종교를 믿는 어떤 손님은 넓은 마음으로 들어주기도 한다고 합니다. 집사님을 안 지 12년이 되었는데 언제 보아도 늘 주님 안에서 살려고 애쓰고, 기쁨 속에 사시는 것을 봅니다. 주님은 이렇게 누구에게나 10년, 20년이 지나도 기쁨과 즐거움과 소망을 주시는 분이 확실합니다.

저는 지난주에 빈소년합창단의 내한공연을 보러 갔습니다. 그들이 부른 노래들은 과거 수도원에서 불렀던 노래였는데, 저는 그 노래에서 은혜를 받았을 뿐만 아니라 소년들이 즐거운 마음으로 부르는 모습에서도 은혜를 받았습니다. 신앙의 선배들이 주님을 바라보며 감사와 감격으로 살았던 것을 음악을 통해 느낄 수 있었습니다. 이 세상에는 즐겁고 재미있으며 기분 좋은 일들이 많습니다. 물론 어려움도 많고 고생스러운 일도 많지만, 그래도 이 세상에는 살 만한 일들이 많습니다.

즐거운 일과 재미있는 일은 사람마다 다르겠지만, 저에게 즐거운 일은 다음과 같습니다. 저는 목회를 하는 것이 아주 즐겁습니다. 매일 신나는 놀이를 하는 것처럼 즐거운 마음으로 일합니다. 지치거나, 후회하는 마음이 들거나, 그만두고 싶다는 생각은 거의 없습니다. 하나님의 일을 하는 것은 즐겁습니다.

저는 기도하는 것도 즐겁습니다. 하루에 5시간을 하든, 10시간을 하든, 10시간 이상을 하든 주님 앞에서 기도하는 시간이 그렇게 좋을 수가 없습니다. 하나님은 살아계시기 때문에 기도하는 가운데 하나님과 깊은 교제를 하고, 하나님의 깊은 임재를 느낄 수 있습니다. 10분 기도하는 것도 힘들고, 30분 정도 기도하고 나면 더는 기도할 것이 없다고 말하는 사람도 있는데, 그것은 아직 기도의 맛을 보지 못했기 때문입니다. 기도의 맛을 모르는 사람이 보면 기도하는 것이 시간 낭비처럼 보이고, 지겨운 일로 보이며, 아무런 즐거움이 없는 일로 보입니다. 그러나 깊은 기도 가운데로 들어가면 10시간이고 20시간이고 하나님께 더 가까이 나아가고 싶어지고, 다른 사람들이 알지 못하는 깊은 감격과 환희를 맛볼 수 있습니다.

성경을 가까이하는 것도 큰 기쁨입니다. 성경은 하나님의 말씀입니다. 사람이 썼지만 성령이 감동하시고 역사하셔서 기록된 것입니다. 저는 초등학교 때부터 제 성경을 가지고 읽었고, 이제 60년 동안 성경을 읽었는데 옛날이나 지금이나 성경을 읽으면 항상 은혜를 받습니다. 저는 성경을 읽으면 성경 안에서 하나님이 움직이시고 말씀하시는 듯한 감동을 받습니다. 그렇게 신기하고 재미있을 수가 없습니다. 그래서 저는 복음서와 사도행전과 요한계시록을 연구하여 책을 내기도 했습니다. 많은 사람이 읽으면 좋겠다는 마음도 있지만, 저 스스로 성경이 좋아서 책을 낸 것입니다.

저는 술을 마시지 않고 담배도 피우지 않습니다. 경마장에 간 적도 없고 노래방에는 언제 갔는지 기억도 잘 안 납니다. 영화관도 2-3년에 한 번 가는 정도로 그리 즐기지 않습니다. 친구들을 만나는 것도 1년에 한두 번 정도 있을까 말까 합니다. 남들이 볼 때는 무슨 재미로 인생을 살까 생각할 수도 있습니다. 그런데 저는 사는 게 정말 재미있습니다. 그것은 주님이 살아계신 것이 확실하며, 저는 그것을 믿기 때문입니다. 그리고 천국에 갈 것이 기대되기 때문입니다. 저는 죽음을 생각해도 즐겁습니다. 주님이 제 곁에 계시기 때문입니다. 주님과 함께 즐거운 인생을 살아가십시오. 참 기쁨은 주님께 있습니다.

새 일을 행하신다

*
**

　주님이 오늘도 새날을 주셔서 또 하루를 시작합니다. 어제와 오늘은 별 차이가 없습니다. 똑같이 출근하고 식사하며 숨 쉬면서 여느 날처럼 하루를 삽니다. 하지만 성경을 보거나 역사를 들여다보면 그날이 그날이라고 가볍게 넘겨서는 안 된다는 것을 알게 됩니다. 그것은 이 세상은 하루 사이에도 무수히 많은 새로운 일이 일어나기 때문입니다. 개인에게나 기업에나 이 나라에 상당히 중요한 사건이 하루 만에 벌어지기도 합니다. 한 달 혹은 일 년 정도면 정말 충격적이거나 역사에 남을 만한 일이 얼마든지 벌어질 수 있습니다. 그러므로 한 달 두 달 그리고 일 년 이 년을 주님 앞에서 주님을 바라보고 기대하며, 주님이 무슨 일을 하실지 눈여겨보아야 합니다.

이사야 43장 19절을 보면 하나님은 "새 일을 행하리니 이제 나타낼 것이라", "새 길도 내고", "알지 못하던 은밀한 일도 행하신다"라고 하셨습니다. 망해가는 이스라엘 백성에게 소망의 말씀을 주신 것입니다. 하나님이 성도 한 사람 한 사람을 사랑하셔서 올 한 해 동안 새 일을 행하실 것을 기대합니다.

우리는 새로운 학교에 입학하거나, 새로운 직장에 들어가거나, 새로운 사업을 시작하기도 할 것입니다. 또 새로운 집으로 이사하거나 새로운 교회에 출석할 수도 있습니다. 아마 결혼하여 신혼살림을 꾸릴 사람들도 있을 것입니다.

우리나라는 정치적으로 볼 때도 매일 새롭다고 할 수 있습니다. 정권이 바뀌고 상황이 급변하고 있습니다. 내일 정치적으로 무슨 일이 일어날지 예측하기도 어려운 상황입니다. 남북관계는 더 그렇습니다. 북한의 핵개발로 인해 하루가 멀다 하고 북한의 도발과 관련된 소식이 전해졌었는데, 요사이는 북한이 평창 동계올림픽에 참여할 뿐만 아니라 단일팀을 구성한 종목도 있고,

응원단의 응원과 공연까지 이어지는 것을 보면 하루하루가 소중하고 의미가 있다고 느껴집니다. 꼭 이번 일 때문만은 아니지만 하루하루가 지루하지 않고 늘 새 소식과 새로운 일들이 일어나는 것을 보면 흥미진진한 세상이라고 할 수 있습니다. 이처럼 변화무쌍한 세상에서 살고 있는 우리는 하나님 앞에서 어떻게 살 것인지 잘 준비해야 합니다.

저는 올 한 해 동안 성도들의 믿음과 가정과 교회에 새로운 바람이 불어오기를 기대합니다. 게으름에 빠진 사람은 변화를 싫어합니다. 그리고 어느 정도 성공하여 안정을 누려도 변화를 싫어하게 됩니다. 크게 힘쓰고 노력하지 않아도 삶에 문제가 없다면 누구라도 구태여 애쓸 필요가 없다고 생각할 것입니다. 그러나 하늘나라를 바라보는 성도는 날마다 새로워지고, 하루하루를, 한 달 한 달을 기대와 열정 속에서 살아가야 합니다.

주님을 더 간절히 더 뜨겁게 바라보며 영적으로 크게 성장해야 합니다. 몸 된 교회에 힘써 충성을 다하고, 이웃을 위해 열심히 봉사해야 합니다. 여기저기에 멋진 성도가 많이 나타나 모든 교회에 기쁨이 되었으면 참 좋겠습니다. 또 찬양을 잘하는 전문 사역자들이 많이 나타나면 좋겠습니다. 저는 지금 멋진 찬양을 들으며 이 글을 쓰고 있습니다. 주님은 성도를 사랑하시고 이 나라와 교회를 사랑하십니다. 에스겔 36장 26절 말씀이 다시 한 번 떠오릅니다. "또 새 영을 너희 속에 두고 새 마음을 너희에게 주되 너희 육신에서 굳은 마음을 제거하고 부드러운 마음을 줄 것이며." 이것은 하나님이 이스라엘 백성에게 주신 말씀이지만 오늘 우리에게 주신 말씀으로 받아들입니다. 하나님이 보내주신 새 영이 우리 속에 임하십니다. 그러니 새 마음을 가지고 새로운 일을 행합시다. 새해가 우리 앞에 있습니다.

거울

*
**

    저희 집은 설날에 자녀들과 며느리, 사위와 손자가 함께 모여 즐거운 시간을 보냈습니다. 부모님이 살아계실 때는 저와 형제들이 아버지 집에 모여 함께 많은 시간을 보냈는데, 몇 십 년이 지나 이제 제가 어른이 되니 저의 후손들이 저를 찾아와 모이게 되었습니다. 사람은 오랜 세월이 지나도 전통과 풍습의 영향을 받아 조상들의 모습을 이어가며 살아가는 것 같습니다. 저는 자녀들과 함께 명절을 보내는 동안 그들을 눈여겨보면서 많은 생각을 했습니다. 그리고 자녀들과 손자의 외모와 행동이 저와 무척 닮았다는 것을 새삼 느꼈습니다. 겉으로는 숨겨져 있던 부분까지도 거울을 보는 것처럼 닮은 것입니다. 저의 자랑스러운 장

점도 발견하였지만 부끄러운 부분도 보여서 섬뜩 놀라기도 하고 부끄럽기도 하였습니다. 그러면서 제가 고쳐야 할 부분을 하나 하나 생각해보고 점검도 하게 되었습니다.

사람은 자신을 보는 것이 중요합니다. 자신을 보는 것은 사람이 만든 거울을 통해 볼 수 있습니다. 이스라엘 백성 중 여인들은 손거울을 많이 보았습니다. 나중에 그 손거울을 녹여 성막 앞에 놓인 물두멍을 만들었습니다. 손거울은 자신을 살펴보는 중요한 기구입니다. 물도 거울의 역할을 합니다. 물을 보고 있으면 자신의 얼굴이나 모습이 보입니다. 고대의 거울은 희미하게 보이지만 오늘날 거울은 아주 맑아서 얼굴에 있는 작은 점이나 땀구멍까지도 보입니다. 그러므로 거울 앞에서 자기를 속일 수 없고, 자신이 적나라하게 드러나게 됩니다.

친구를 보면 그 사람을 안다고 합니다. 그러니까 친구도 하나의 거울인 것입니다. 어느 날 저는 가까운 친구 두 명과 식사를 하면서 이런저런 이야기를 나누었습니다. 그러다 어느 순간 저는 깜짝 놀랐습니다. 그들이 남을 판단하고 비판하는 모습이 새삼 눈에 보였는데 그것이 바로 저의 모습이었기 때문입니다. 저는 저 자신의 모습을 보는 것 같아 깜짝 놀랐고 부끄러워졌습니다. 친구들이 부끄럽다기보다 저 자신이 부끄러웠습니다. 그래서 친구들과 함께 있는 시간을 줄이려고 일찍 헤어진 일이 있습니다.

생각해보면 우리 주변에는 거울의 역할을 하는 것이 많습니다. 교회의 모습이 목사의 모습이고 성도의 모습입니다. 우리가 사는 집도 거울의 역할을 합니다. 우리 집 환경과 사는 모습이 바로 우리의 거울입니다.

저는 유다서 1장 7절을 통해 소돔과 고모라성의 모습을 보았습니다. 소돔과 고모라성은 음란하고 타락하여 멸망했습니다. 그리고 이웃 도시들도 함께 망했습니다. 그런데 성경은 소돔과 고모라성이 오늘날 우리를 비추는 거울이 되었다고 합니다. 그렇다면 무슨 이유로 거울이라고 했을까요? 그것은 소돔과 고모라성이 하늘에서 유황불이 떨어져 망했듯이 만약 우리가 이 시대에서 음란하고 타락하며 술 취하고 방탕하면 그처럼 망한다는 것입니다.

하나님은 우리가 이 시대를 바로 보기를 원하시며 소돔과 고모라성이 우리의 거울이라고 하신 것입니다. 하나님은 이 시대를 위해 좋은 거울을 준비해주신 것입니다. 그러므로 이 시대를 살아가는 우리는 소돔과 고모라성을 거울로 생각하고 자세히 그리고 자주자주 거울을 보듯이 보아야 할 것입니다. 만일 거울을 자세히 보면서 고칠 것을 고치고 바꿀 것을 바꾼다면 우리는 좋은 거울을 보고 우리 자신을 잘 준비해나가는 사람이 될 것입니다. 우리는 외모를 위해 거울을 보아야 하지만 영혼을 위해서도 거울을 보아야 합니다. 올 한 해 우리 자신을 잘 가꾸어나가면 좋겠습니다. 우리 주위에 거울이 많습니다.

겨울

*
**

　겨울이 우리에게서 떠나려고 준비하는 것 같습니다. 이 이별이 어떤 분에게는 떠나보내는 아쉬움이겠지만, 저는 겨울의 뒷모습을 보니 얼마나 반가운지 모릅니다. 어서 빨리 하루라도 먼저 겨울이 떠나고 새봄이 화사한 손님처럼 온다면 저는 참 기쁠 것 같습니다. 저는 겨울이 지나 봄이 다가올 무렵 세상에 태어났습니다. 열기도 없는 냉방에서 태어난 저를 어머니는 가엾게 생각하셨습니다. 하기야 6·25 전란 중 피난을 떠나 낯선 객지에서 태어났으니 산모와 아이가 한겨울 고생한 이야기는 말로 다 할 수 없을 것입니다. 그래서인지 저는 몸이 찬 편이고 추위를 싫어하는 사람이 되었습니다. 저의 아내는 몸에 열이 많아 겨울에도 집에 난방을 잘 하지 않는 편이라 지난겨울 저는 추위 속에서 움츠리며 보낸 날이 많았습니다.

물론 겨울이 있어서 좋은 점도 많습니다. 우리나라에 겨울이 있기에 지금 평창에서 동계올림픽이 열리고 있습니다. 겨울이 무엇인지도 모르는 나라도 아주 많습니다. 겨울에 날씨가 추워야 해충도 죽는다고 합니다. 또 명태를 말릴 때도 추위가 꼭 필요하다고 합니다. 사실 추위와 따뜻함과 더위와 서늘함, 즉 사계절이 있는 나라는 날씨가 변화무쌍한 것처럼 모든 면에서 활기차고 역동적이어서 나라가 발전하는 데 많은 도움이 됩니다. 저는 겨울이 없는 여러 나라를 가보았는데 아무래도 겨울이 있는 우리나라에 비해 활기가 떨어지는 것 같았습니다. 열정적으로 일하려고 해도 더위 때문에 행동이 느려질 수밖에 없을 것입니다.

사계절이 있으므로 각 계절에 생산되는 식물로 만든 음식을 먹을 수 있고, 사람들도 철마다 옷을 바꾸어 입으니 세월이 지나가는 것을 늘 실감할 수 있는 등 사계절이 주는 유익이 참 많습니다. 특히 인생에 있어서 사계절이 있다고 할 때 겨울을 맛보는 것은 정말 피하고 싶은 시간일 수 있습니다. 저는 제 인생에서 언제가 봄이고 언제가 여름이고 가을인지 잘 분간할 수 없습니다. 그러나 겨울이 언제였는지는 확실하게 말할 수 있습니다. 몸과 마음이 시리던 그 고난의 시절, 고생하던 때를 결코 잊을 수가 없습니다. 추위에 떨던 제 인생을 지금 생각해도 가엾고 측은합니다. 저는 그 고통과 고난의 때를 늘 기억합니다. 그리고 오늘 따스하고 편안한 삶을 겸손한 마음으로 하나님께 감사드립니다.

그런데 제 인생의 차디찬 겨울을 보내던 어느 날, 하나님의 따스한 손길이 찾아왔습니다. 저는 다시 그 추운 겨울을 맞이하고 싶지 않습니다. 늘 하나님의 따스한 사랑의 보호를 받으며 살고 싶습니다. 이것이 저의 헛된 욕심이거나 허탄한 꿈이라고 생각하지 않습니다. 하나님은 사랑하시는 자녀에게 따스함을 주시기 때문입니다.

주님은 마태복음 24장 20절에서 말세에 큰 환란이 있는데 "너희가 도망하는 일이 겨울이나 안식일에 되지 않도록 기도하라"고 하셨습니다. 남자나 여자, 특히 임산부나 젖 먹이는 어머니가 추운 겨울에 집을 떠나 도망 다닌다는 것은 말할 수 없는 극도의 고통이기 때문입니다. 환란을 허락하신 분이 하나님이시지만 그래도 겨울의 추위는 피했으면 좋겠다는 하나님의 마음을 나타내고 있는 것입니다.

  우리도 인생의 겨울을 보내고 따스한 봄을 맞이하고 싶어 합니다. 지금 우리는 인생에서 어느 계절을 맞이하고 있는지요. 봄이나 여름이면 좋겠고, 가을이라면 풍성한 열매와 높은 하늘이 있어서 더 좋을 것입니다. 혹 아직도 겨울이거나 곧 겨울이 닥칠지도 모르는 사람도 있을 것입니다. 하지만 하나님은 그 추위를 녹이는 사랑과 능력이 있으신 분입니다. 조금만 더 믿음으로 추위를 견디십시오. 주님의 따스한 손길이 우리에게 다가올 것입니다. 봄이 기다려집니다. 겨울은 곧 지나갑니다.

청계산 기도원에서

*
**

    저는 지난 주간 기도원에 다녀왔습니다. 1년에 한두 번 정도 기도원에 갈 기회가 있는데, 저는 그때마다 4-5일가량 기도원에서 즐겁고 유익한 시간을 보냅니다. 저는 이번에 서울 양재동에 있는 청계산 기도원에 갔는데, 신학교를 다니던 20대 중반에 처음 발을 들여놓은 곳입니다. 40년 전 아버지가 그곳에서 금식 기도를 하셨는데 아버지의 건강 상태가 어떠신지 살펴보기 위해 처음 그곳을 방문했습니다. 그 후 목회를 하면서 기도할 일이 있을 때면 저는 늘 그곳을 찾았습니다. 어느 때는 쉬려고 가기도

했습니다. 마음이 평안할 때도, 또 목회하는 동안 심각한 문제를 만났을 때도 저는 늘 거기서 기도했습니다.

저는 기도원에 올 때마다 감사하고 기쁜 일을 봅니다. 그것은 많은 사람이 기도하기 위해 이곳에 찾아오는 것입니다. 평상시에도 기도원 주차장에는 20-30대의 승용차가 주차되어 있습니다. 잠깐 왔다 가는 사람, 한나절 있는 사람도 많습니다. 하루에 수십 명의 성도가 와서 기도하는 것입니다. 목요일에는 어떤 분이 숙소 하나를 사용하겠다고 사무실에 요청했는데 빈방이 없다고 합니다. 그 이야기를 옆에서 듣는 저의 마음은 기뻤습니다. 기도하기 위해 오는 사람이 이렇게 많다니 말입니다.

요사이 한국교회의 영성이 약해지고 있다는 말을 듣습니다. 저는 아버지가 목사셨고 저도 30년 넘게 목회를 하고 있기에 교회가 약해진 것이 일부 저의 책임인 것 같은 마음이 듭니다. 교회가 정말 쇠퇴한다면 신학자든 목회자든 누군가는 책임을 져야 할 일이기도 합니다. 제 숙소 옆 가까운 방에서 요란하게 기도하는 소리가 들려 반가운 마음으로 가보았습니다. 크지 않은 공간인데 여러 사람이 모여 기도하고 있었습니다. 밖에 놓여 있는 신발의 숫자를 세어보았더니 대략 25켤레 정도 되었습니다. 3.1절

공휴일 한낮인데도 숙소 안에서 들려오는 기도 소리와 산에서 누군가 "주여!" 하고 외치는 소리를 들으니 저는 여기가 천국인 것 같다는 생각이 들었습니다. 어쩌면 이렇게 믿음이 좋은 사람들이 있을까 하는 마음이 들었습니다. 그리고 도대체 어떤 목회자들이기에 성도들을 열심히 기도하게 하는지 저절로 존경하는 마음이 넘쳐났습니다.

저는 기도원에 올 때마다 이곳에서 일하고 섬기는 분들을 보며 은혜를 받습니다. 특히 주방에서 하루 세끼를 준비하여 식사를 제공하는데, 솔직히 집에서 먹는 것보다는 검소하고 보잘것없는 것이 사실입니다. 목사로서 기도원에 와서 밥이 이러니저러니 투정할 수는 없습니다. 그래서 감사하는 마음으로 식사를 합니다. 그런데 식사를 준비하시는 집사님과 권사님들을 보면 울컥하며 울음이 올라옵니다. 그분들은 80-90세 정도 되어 보이시는데, 모두 거동이 불편합니다. 40년 전 제가 처음 이 기도원에 왔을 때부터 그분들은 여기에 계셨습니다. 그분들이 식사 준비를 하시는 것을 보면 눈물이 나지 않을 수 없습니다. 그분들은 아주 오래전에 이 산골짜기에 들어오셔서 30-40년, 아니 그 이상 이곳에 머무시면서 봉사하고 기도하며 살아오셨습니다. 그분들은 자신들의 젊음을 주를 위하여 그리고 기도하는 사람들을 섬기며 보낸 것입니다. 돌로 지은 조그마한 교회의 머릿돌에 준공된 지 53년이 되었다는 기록을 보니 초창기에 오신 분은 아마 50년도 되었을 것입니다. 그분들의 수고를 주님이 알아주실 것입니다.

저는 기도원 옆에 있는 원장님과 총무 일을 하셨던 분들이 묻힌 묘소를 둘러보았습니다. 이곳에서 나라와 민족과 교회를 위하여 눈물로 기도하고 성도를 섬기다가 이제 그 옆에 묻히신 것입니다. 나이가 들면 생각도 더 많아지는 것이 인지상정인 것 같습니다. 묘소를 둘러보며 저는 정말이지 잘 죽어야겠다는 생각을 했습니다. 주님 나라와 성도를 섬기며 살다가 그분이 부르실 때 웃으며 천국으로 가면 좋겠습니다. 기도의 제물이 되어 살아가시는 모든 분을 존경합니다. 기도의 일꾼이 이 산골짜기와 저 산골짜기에 나타나기를 소원합니다. 기도하는 교회와 기도하는 나라는 결코 망하지 않습니다.

쓰레기 처리

**
**

날씨가 풀리면서 밖으로 나들이하시는 분이 많을 것입니다. 특히 고속도로를 이용하여 고향 집이나 여행지를 가거나 사업상 지방으로 출장을 가시는 경우도 많을 것입니다. 저는 아주 가끔 제 차로 고속도로를 달릴 때가 있습니다. 피곤하기도 하지만 그래도 대체로 즐거운 마음으로 운전을 합니다.

고속도로에서 운전을 하다 보면 불안하거나 위험을 느낄 때가 가끔 있습니다. 화물차가 짐을 싣고 가는데 짐이 한쪽으로 기울어진 상태로 운행하는 것을 보면 걱정이 앞섭니다. 또 빠른 속도로 차선을 이리저리 바꾸며 다른 차들을 추월하면서 운행하는 차를 볼 때는 큰 걱정이 생깁니다. 조심스럽게 그리고 예의를 갖추고 운전을 했으면 정말 좋겠습니다.

별일 아닌 것 같지만 또 하나 불편한 것은 쓰레기들이 도로 위로 날아다니거나 굴러다니는 것입니다. 누군가 고의로 그런 것인지 실수로 그런 것인지는 몰라도 커다란 비닐이 차량 사이로 날아다니고 페트병이 여기저기에서 굴러다니는 경우를 만나기도 합니다. 누군가가 의도적으로 고속도로에 그런 쓰레기나 폐기물을 던지지는 않았을 것이라고 생각합니다.

이런 장면을 보노라면 쓰레기 취급을 받는 저 물건들은 얼마 전까지 우리가 필요하여 제작하고 사용한 것들인데 이제는 여러 사람을 불편하게 하고 위험하게도 하는 흉물이 되었구나 하는 생각이 듭니다. 그러면서 쓰레기를 잘 처리해야겠구나 하는 마음을 다시 한 번 갖게 됩니다.

우리는 일상생활을 하면서도 쓰레기로 인해 불편할 때가 많습니다. 관람을 마치고 나온 큰 경기장 이곳저곳에 쓰레기가 놓여 있는 것을 보는 일은 우리를 민망하게 합니다. 쓰레기를 아무데나 버린 우리의 매너를 생각해봅니다. 쓰레기는 가능하면 만들지 말아야 하며, 만일 쓰레기가 생겼다면 잘 처리해야 합니다. 소각하는 방법도 있고 땅에 묻을 수도 있습니다. 어떤 경우에는 먼 바다로 가지고 나가 깊은 바다에 버리기도 하는데 훗날 인류에게 부메랑으로 돌아올까 염려가 됩니다. 그런 차원에서 쓰레기가 될 수 있는 과대포장은 정말 금해야 할 일입니다.

환경을 오염시키고 사람을 불편하게 하며 피해를 주는 쓰레기는 어디에나 있습니다. 정치, 경제, 사회 구석구석에 쓰레기 같은 일들이 있지 않을까 합니다. 그 중에서도 쓰레기가 가장 많은 곳은 우리 마음이라는 생각이 듭니다. 만약 우리가 마음으로 좋은 생각만 한다면 쓰레기가 생기지 않을 것입니다. 그러나 날마다 죄를 지을 생각을 하고, 남을 함부로 판단하며, 모함하고 시기 질투하며, 남이 잘되는 것을 싫어하고, 조그만 일에도 혈기를 부리고 남을 저주한다면 그것은 거룩하고 깨끗해야 할 우리 가슴에 쓰레기를 잔뜩 담아두는 행동일 것입니다.

다른 사람을 욕하고 비판하면 그 사람의 마음의 그릇에 흠집이 생기고, 심하면 금이 가거나 깨지기도 합니다. 또 만일 마음에 상처가 생겼다면 계속 쓰레기가 생길 수밖에 없는 마음을 갖게 되고 그런 행동을 하게 됩니다. 쓰레기를 쌓아두면 독소가 생기고 악취가 나듯 우리 마음과 생각에도 독소가 가득하고 악취가 뿜어 나오게 됩니다. 그리고 시간이 지나면서 우리 자신이 그리고 다른 사람이 이런 상태에 있는 것을 발견하게 됩니다. 그 해악이 얼마나 큰지 곧 알게 됩니다.

가정이든 사회든 공동체든 간에 아름다운 물건은 사랑을 받고 귀하게 쓰입니다. 쓰레기를 좋아하고 용납하는 곳은 이 세상에 없습니다. 우리는 냉정하게 생각해보아야 합니다. 나는 아무에게도 도움이 되지 않는 쓰레기 같은 생각을 내 마음에 쌓아놓고 있는 것은 아닐까? 그리고 나와 여러 사람에게 나쁜 영향을 주고 있는 것은 아닐까? 우리 마음은 주님이 계신 전이 되고 천국이 되어야 합니다. 쓰레기 천국이 아니라 감사와 은혜와 진리가 넘치는 은혜의 천국을 만들어갑시다. 오늘도 내게 있는 쓰레기를 청소합시다.

다양한 차, 다양한 사람

***

　오늘도 하루가 시작되었습니다. 이미 직장에 계신 분, 아직 출근하지 못한 분, 아니면 지금쯤 도로에서 운전하는 분들도 계실 것입니다. 저도 아침마다 제 차를 운전해 교회로 출근합니다. 그래서 직장인들의 출근하는 마음을 어느 정도 느낄 수 있습니다. 30-40분 정도 운전을 하며 길거리에서 일어나는 여러 상황을 눈으로 보고 느끼며 살아가고 있습니다. 도로에서 사고가 나거나 공사를 하면 불편하기도 하지만 그런대로 묘미를 느끼며 삽니다.

제가 운전하면서 보고 느끼고 생각하는 것은 차량의 모양이 정말 다양하다는 것입니다. 1,000cc도 되지 않는 경차와 가장 보편적으로 타고 다니는 차 그리고 요즈음 많이 늘어난 3,000cc 이상의 대형차로 구분할 수 있습니다. 그리고 각 제작사마다 모델이 다르기에 그 종류를 다 알기 어렵습니다. 외국에서 수입해온 다양한 차들이 도로 위를 달리고 있는데 그 차량을 연구하거나 의식하지 않더라도 자연스럽게 눈에 들어옵니다. 참 다양한 차들이 조화를 이루며 운행되고 있습니다. 출고된 지 얼마 되지 않은 새 차도 있고, 10년도 훨씬 넘어 보이는 차도 있는데 모두 다 똑같이 '차'라는 자격을 가지고 도로 위를 달리고 있습니다. 이것은 차량의 자유이며 동시에 운전자의 자유라고 생각합니다.

운전할 때 조금 불안해 보이는 차가 앞에서 가고 있으면 아무래도 조금 더 조심하게 됩니다. 아주 조그만 경차인데 뒷면 유리창에 '초보 운전' 스티커를 붙여놓은 차입니다. 또 '저도 제가 무서워요'라는 스티커를 붙여 운전이 초보라는 것을 강하게 암시하는 글을 보면 재미있기도 하고 조심하거나 피해 가게 됩니다. 그리고 설령 조금 서툴게 운전해도 이해하게 됩니다.

좀 더 강도가 센 것은 '초보 운전' 스티커가 붙어 있는데 그 아래에 또 '아기가 타고 있어요'라는 스티커가 붙어 있으면 정말 염려가 됩니다. 1,000cc가 안 되는 경차에 초보 운전자가 운전하고, 게다가 아기가 타고 있다는 것은 상당히 위험한 도로주행을 하고 있구나 하는 생각이 듭니다. 안전을 무척 중요시하는 나이 든 저로서는 더 조심스럽습니다. 운전자가 조금만 실수해도 안전에 치명적 문제가 발생하기 때문입니다. 만일 그 운전자가 20대의 젊은 여성이라면 어떻게 하나 하는 마음이 생길 때는 아주 조심스럽게 그야말로 갓난아이 대하듯 조심하게 되는 것은 어쩌면 당연한 일이겠지요.

저로 조심스럽게 운전하게 하는 차들이 또 있는데 콘크리트를 싣고 가는 레미콘 차량입니다. 육중한 몸무게를 자랑하는 레미콘 차량 10-20대를 출근길에서 본 적이 있습니다. 그 차들이 제 옆을 지나거나 마주 달려올 때 그리고 출발 신호가 들어왔는데도 서서히 움직일 수밖에 없을 때, 저는 늘 위협을 느낍니다. 그래도 레미콘 차량이 이렇게 분주하게 움직인다는 것은 여기저기서 건설을 하고 있다는 증거이므로 감사한 일입니다. 나라와 지역발전을 위해서나 경제적인 측면에서 볼 때 반가운 일이기에

약간의 불편함과 위협적인 것은 얼마든지 감수할 수 있는 일입니다.

매일 같이 보는 119 구급차와 사이렌 소리, 가끔 보는 빨간 소방차 그리고 언제나 길옆에 항시 대기하고 있는 교통 경찰 차량 이 모두는 누군가를 위해 항상 준비하고 있는 모습입니다. 가장 흥분되는 날은 장갑차나 탱크가 도로 위를 달리는 장면을 목격하는 날입니다. 우리 군대가 우리 주변에서 이렇게 진을 치고 있고 훈련하는 모습을 보면 마음이 든든합니다. 그리고 40여 년 전 군대에서 생활했던 제 모습을 떠올려봅니다.

저는 성도들이 제각기 독특한 모습을 하고 있다고 생각합니다. 그리고 수많은 가지각색의 차량이 있듯이 각기 다른 종류와 모습, 색깔을 가지고 하루하루를 살아가고 있다고 생각됩니다. 우리 자신을 차량으로 본다면 우리는 어떤 차량일까요? 크기나 종류가 어떻든지 상관없습니다. 오늘도 우리 각자의 차를 운전하며 열심히 달려갑시다.

2부

⋮

사월과
오월,
유월

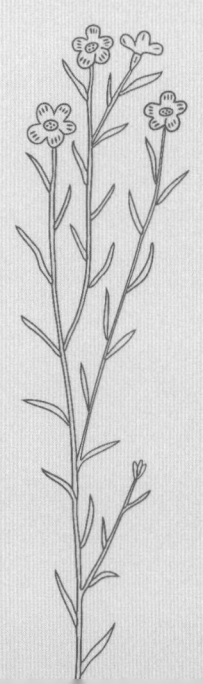

철새

*
**

　벌써 사월이 되었습니다. 한 해를 시작한 지 얼마 되지 않은 것 같은데 벌써 석 달이 지났습니다. 세월은 잠시 왔다 이내 사라지는 철새와도 같다는 것을 느낍니다. 지난겨울 여러분은 철새들이 하늘을 떼 지어 날아다니는 것을 보셨습니까. 그렇게 많던 철새가 어느 순간 다 떠나가고 빈자리만 남습니다. 그러다가 또 다른 철새들이 잠시 머물다가 곧 자신들이 갈 곳으로 날아갈 것입니다. 우리나라에는 번식지나 월동지를 오가는 철새가 300종 가까이 있다고 합니다. 저는 낙동강 하류나 서해안 지역의 철새들이 떼 지어 날아다니는 것을 여러 번 본 적이 있는데, 그들이 하늘에서 펼치는 곡예는 장관입니다. 여러 모양과 여러 형태를 순식간에 이루는 것을 보면 아무리 보아도 지루하지 않은 예술 작품이라 하고 싶습니다. 특히 바다 속에서 물고기 떼들이 움직이는 것을 텔레비전에서 방영된 다큐멘터리로 본 적이 있는데 그것은 마치 신비의 세계에 속하는 것 같이 놀라웠습니다. 자연은 정말 신비하고 장엄하며 아름답습니다. 동물들만 군무를 자랑하고 위세를 보이는 것이 아닙니다. 사실 사람도 새들처럼 모여 움직인다면 볼거리가 될 뿐만 아니라 역사까지도 움직일 수 있습니다.

저는 1970년대와 1980년대에 대통령 후보들이 선거 유세를 한 여의도 광장 등 유세장에 가본 적이 있는데, 아마도 100만 명 정도 모였을 것으로 생각됩니다. 그 열기는 엄청났습니다. 1973년에 있었던 빌리 그레이엄 목사님 집회에도 참석했는데 그때에도 100만 명 이상의 성도가 모여 기도하고 찬송하며 말씀을 들었습니다. 그 은혜의 시간을 잊을 수가 없습니다. 한국교회가 서로 연합하고 협력하며 대회를 치른 것이 더 감사했습니다. 그 집회는 이후 한국교회가 크게 성장하는 계기가 되었습니다.

저는 1987년 민주화 운동이 있었을 때 종로 거리에 나가서 대학생들을 응원했습니다. 소위 넥타이 부대라 불렸던 시위대의 일원으로 종로 거리를 거닐며 시위에 동참하기도 했습니다. 민주화를 열망하는 수많은 사람은 철새처럼 잠깐 왔다 사라지지 않았고 민주화 선언이 있을 때까지 투쟁하는 멋진 모습을 보여 주었습니다. 그 모습은 철새들의 화려한 몸짓이나 짐승들이 광야와 사막에서 대이동하는 모습과는 비교할 수 없을 만큼 감동적이고 멋진 몸부림이었던 것으로 기억합니다. 그날 시위대는 최루탄 세례를 무수히 받았고 저도 눈을 뜰 수가 없어 골목으로 뛰어들어 몸을 피했습니다. 그때 저는 제 모습이 그리고 여기저기에서 가스를 마시고 기침하는 소리가 그렇게 멋져 보였습니다. 1965년 한일회담 반대 시위 때 저는 중학교 1학년이었는데 그때도 엉겁결에 최루탄 가스를 마셨습니다. 수십 년 전 길거리로 수많은 사람이 몰려나오고 최루탄이 터졌던 것은 실로 가슴 아픈 정치적 현실이었고 사회의 모습이었습니다. 그러나 진실이 있는 곳에는 열매가 있는 법입니다.

수천수만 명이 한마음으로 한 목표를 향해 함께 나아간다면 역사를 바꿀 수도 있는 것입니다. 물론 수천 대의 탱크가 굉음을 내며 길거리를 질주하거나 폭격기 수천 대가 새 떼와 같이 하늘을 난다면 이는 나라가 위기에 빠진 것이며 바람직한 모습이 아닐 것입니다. 그러나 많은 사람이 모여 하나님을 향해 회개하고 찬양한다면 그 영향력은 어마어마할 것입니다.

떼를 지어 다니는 무리가 하나 더 있습니다. 바로 어둠의 세력입니다. 그것들이 하늘을 나는 철새 떼처럼, 바다 속을 헤엄치는 물고기 떼처럼 우리 주변을 맴돌고 있다는 사실을 지나쳐서는 안 됩니다. 철새가 떼를 지어 날아다니는 것이 아름답기도 하지만, 한편 그것을 볼 때면 떼 지어 몰려다니는 사탄의 무리와 흡사하다는 생각도 듭니다. 우리는 어떤 무리 속에서 오늘을 보내고 있습니까? 거룩한 무리에 속하십시오. 그리고 강력하게 영적 전쟁을 하십시오.

꽃을 피우자

*
**

　사월에 들어서니 역시 따뜻한 날씨가 우리를 찾아와주었습니다. 추위를 잘 타는 저는 따뜻한 봄이 정말 반갑습니다. 이번 주에는 여기저기에서 벚꽃 축제가 열려 많은 사람이 새봄을 만끽하기 위해 축제가 열리는 장소를 찾을 것입니다. 저희 교회 주변에 가로수로 심긴 나무가 벚꽃이어서 저는 일부러 벚꽃을 보러 멀리 가지 않고 봄을 맞이했습니다. 화려하게 피어난 연분홍의 벚꽃 그리고 그 옆 화단에 샛노랗게 피어난 개나리꽃을 보면서 봄을 마음껏 누렸습니다. 저는 멀리 나가 나들이하는 것을 썩 좋아하지 않습니다. 정확히 말해, 좋아하지 않는 것이 아니라 할 일이 너무 많아 여유롭게 자연 속에서 시간을 보내기가 쉽지 않기 때문입니다. 저는 목사로서 주일 하루에만도 여러 번 설교를 해야 합니다. 성도들의 영적 양식을 위해 많은 준비를 해야 합니다. 저 자신에게 충실하게 살기 위해서라도 성경을 연구하는 일과 깊이 기도하는 일에 힘써야 합니다. 이 세상의 모든 직업도 마찬가지로 열심히 하려면 할 일이 많고, 열심히 하지 않는다면 얼마든지 쉬고 놀면서 여유 있게 할 수 있을 것입니다. 물론 그 결과는 차이가 날 수밖에 없을 것입니다.

저는 제가 늘 교회에만 있어서 혹시 교회 직원들이 저 때문에 화사한 봄을 우중충하게 보내는 것은 아닌가 하는 눈치를 보기도 합니다. 그러나 어떻게 하겠습니까. 교회와 성도는 지도자의 목회 방침과 스타일에 영향을 받을 수밖에 없습니다. 이렇게 좋은 날 주님께 조금 더 가까이 나아가기 위해 시간을 보낸다면 영성이 더 깊어지고, 성경 말씀도 더 깊이 깨달아져 하나님의 사람으로 준비될 것이며, 결국 주님이 쓰시는 사람이 될 것입니다. 목사인 저는 그렇다 하더라도 직장에서 맡은 일에 충성하시는 성도들도 자신의 수고로 가정이 유지되고 일터가 성장한다면 그것은 큰 보람 있는 일이라고 생각합니다. 더 좋고 더 아름다운 열매를 위해 마음껏 꽃구경을 하지 못한 분들은 너무 아쉬워하지 마시고 여유 있는 나들이는 잠깐 뒤로 미루셔도 괜찮을 것입니다.

저는 저와 가까이 지내는 몇 분의 근황을 들었습니다. 그분들은 이제 65세가 되어서 정부에서 경로 교통카드를 지급해주었는데, 그 카드 한 장을 들고 지하철이 닿는 곳은 어디나 다닌다는 것입니다. 시간과 경제적인 여유가 없어 가족과 가보지 못한 곳들을 마음대로 가볼 수 있어서 너무 행복하다며 살맛이 난다고 했습니다. 그런 말을 들을 때면 저도 공감이 가면서 친한 그분들과 함께 여행하며 추억을 만들면 좋겠다는 마음이 들기도 합니다. 어쨌든 우리 사회가 이렇게 여유가 생겨서 노년들을 위해 물질적으로 배려를 한다는 것은 제가 한창 젊었을 때는 꿈도 꾸지 못한 일이었습니다. 하나님과 이 나라 그리고 모두에게 감사한 마음을 가지게 됩니다. 선진화된 우리 사회는 젊은이나 늙은이나 마음껏 일하고 또한 여유를 가질 수 있게 되었습니다.

저는 오늘도 아침부터 나와 해야 할 일을 하나하나 해나가고 있습니다. 할 일이 많아 피곤하기도 하지만 주의 나라를 위해 일할 수 있다는 것이 정말 즐겁습니다. 어떤 분은 저에게 '일 중독'이라고 하지만 저는 잘 모르겠습니다. 저는 나이가 들어도 일을 쉬고 싶다는 생각이 들지 않습니다. 우리 모두 그래야 한다고 생각합니다. 그 일을 할 때 수입이 얼마나 되는지, 경제적인 효과가 얼마나 발생하는지 등에 관심을 두는 것이 아니라 보람된 일이기에, 내가 좋아서 하는 일이기에 그리고 무엇보다 하나님이 기뻐하시는 일이기에 그 일을 한다면 정말 좋을 것 같습니다. 저는 목회를 하면서 지금까지 15권의 책을 펴냈는데 며칠 전 16번째 책을 내기 위해 탈고하여 출판 담당자에게 보냈습니다. 저는 정말 멋진 꽃을 피우며 살고 싶습니다. 우리 모두 다 꽃나무가 되어 아름다운 꽃을 피우면 좋겠습니다. 온 세상이 꽃동산입니다.

뿌리

*
* *

 따뜻한 새봄을 맞이하였습니다. 봄을 싫어할 사람은 아무도 없을 것입니다. 사람도 기쁘고 짐승도 기뻐하며 눈에 잘 띄지 않는 작은 벌레까지도 봄을 기다리고 봄을 만끽할 것입니다. 산과 들에 있는 산천초목은 말할 것도 없습니다. 그들은 이미 땅속에서 수분과 영양 성분을 있는 힘껏 끌어올려 싹을 틔우고 꽃을 피웠습니다. 아름답고 예쁘고 앙증맞은 꽃을 피웠으니 얼마나 기쁘고 당당하겠습니까. 이 살맛나는 한 해를 꽃나무들과 우람한 나무들도 한 몫 차지했습니다.
 요 며칠 꽃샘추위와 강한 바람이 불어 여기저기에 소란을 피웠습니다. 그래서 봄을 시샘하는 추위라고 하여 꽃샘추위라고 이름을 붙였나 봅니다. 어떤 나무는 뿌리가 뽑혀 길가에 쓰러져 있었습니다. 뿌리가 뽑힌 나무는 죽게 되는데 그 모습이 너무 애처로워 보였습니다. 나무가 심겨 있던 땅은 움푹 파이고 뿌리가 허옇게 드러나 속살을 보입니다. 강풍 때문도 있지만 쓰러진 나무는 땅속 깊이 그리고 넓게 뿌리를 내리지 못해서일 것입니다. 모든 나무에 똑같이 강풍이 몰려왔는데도 굳건히 서 있는 나무가 훨씬 더 많습니다.

저는 산을 오를 때 가끔 사방으로 뻗어 나간 나무뿌리를 봅니다. 땅도 메마르고 바위가 많은 지역에서 수분을 흡수하기 위해 바위를 넘고 넘어 눈에 보이도록 뻗어나간 뿌리들입니다. 그런 나무는 생존을 위해 치열하게 노력하고 있는 것입니다. 그럴 경우, 가물거나 비가 덜 와도 그리고 강풍이 불어도 나무는 그 자리에 굳게 서서 생존할 것이며, 씨를 뿌리고 자신의 종족을 번식해나가는 사명에 충실할 것입니다. 뿌리가 뽑혀 넘어진 나무는 더는 잎사귀를 내지 못하고 꽃을 피우지도 못하며 열매를 맺을 수도 없습니다. 땅속에 깊이 들어가 있어야 할 뿌리가 지상에 노출되고 햇빛을 본다는 것은 나무의 사망을 가리키는 것입니다. 바다 속에서 헤엄치며 놀던 물고기가 허연 배를 드러낸다면 그것은 물고기가 죽었다는 뜻입니다. 거북이가 엎드려서 기어 다니지 않고 뒤집혀 배가 드러나면 버둥거리다가 얼마 지나지 않아 다른 짐승의 공격을 받거나 자연히 수명을 다할 것입니다. 나무뿌리가 허옇게 보이는 것은 기업을 운영하는 사람에게는 빈 통장을 보는 것과 같으며, 성도에게는 믿음이 없는 것이 드러나는 것과 같습니다. 뿌리 뽑힌 나무와 뿌리 뽑힌 기업 그리고 뿌리 뽑힌 나라는 너무 슬픕니다. 그런데 뿌리 뽑힌 성도야말로 제일 불쌍합니다.

성도가 나무라면 터가 되시는 예수님께 뿌리를 깊이 내려야 합니다. 뿌리가 깊지 않거나 약하다면 언젠가 강풍과 같은 시험이 올 때 견디지 못하고 뿌리 뽑힌 나무가 될 것입니다. 신앙이란 살아계신 예수 그리스도가 우리 죄를 위해 십자가에 달려 죽으셨다가 사흘 만에 살아나신 부활을 믿는 것입니다. 그리고 그 주님이 하늘 보좌에 계시고 지금도 성령을 우리에게 보내셔서 천국 백성으로 살아가게 하시는 것을 믿는 것입니다. 그리고 우리가 이 세상을 떠나 천국에 갈 때 주님이 우리를 환영해주시고, 우리가 거할 천국 집을 준비해주시며, 하나님 보좌 앞으로 나아가 영광과 찬송을 올려 드리는 것을 믿는 것입니다. 이것이 기독교 복음의 핵심입니다. 이렇게 분명한 신앙 위에 바로 선다면 어떠한 고난과 시련이 와도 그리고 유혹이 있더라도 견고하게 세워져 나아갈 것입니다.

다윗은 시편 1편에서 복 있는 사람에 관해 이야기합니다. "복 있는 사람은 시냇가에 심은 나무와 같다"라고 했습니다. 우리 주님께 뿌리를 내려야 시절을 따라 꽃을 피우고 열매를 맺을 수 있습니다. 아름다운 봄을 맞이한 이때, 뿌리가 뽑혀 허연 속살을 드러내고 누워 있는 나무를 보면서 가슴이 아파 이 글을 씁니다. 뿌리 뽑힌 성도가 되지 말고 예수님께 깊이 그리고 견고히 뿌리 내린 나무처럼 견고한 믿음의 성도가 되어 꽃도 피우고 열매도 맺읍시다. 뿌리는 보이지 않지만 나무에서 아주 중요한 부분입니다. 견고한 뿌리를 만드십시오.

기념

*
**

　일 년 중 으뜸인 계절은 5월이라고 합니다. 그래서 우리는 5월을 '계절의 여왕'이라고도 부릅니다. 어린 자녀가 있는 가정에서는 이때 가족 모임을 많이 가질 것입니다. 우리나라에는 정말 기념일이 많습니다. 국경일을 제외하더라도 5·18 민주화운동 기념일, 종교개혁 기념일 등이 대표적입니다. 그리고 요즘 같은 사회 분위기에서는 어린아이가 태어나 1년이 되는 돌 기념일이 아마 가장 흥분되고 즐거운 날이 아닐까 생각됩니다. 최근 우리 사회가 결혼율도 떨어지고 출산율도 떨어지는 추세여서 아기가 태어나 돌을 맞이한다는 것은 훌륭한 기념일이라고 생각합니다. 우리는 돌 기념으로 식사도 하고 사진 촬영도 하며 작은 선물도 주면서 큰 의미를 부여합니다. 부부가 결혼한 결혼기념일도 기억하고 축하해야 할 날입니다.

꼭 기념일 때문이 아니라도 5월은 좋은 날씨로 인해 가족끼리 여행을 많이 갑니다. 국내외에 가볼 만한 곳이 많습니다. 여행을 다녀오는 분들은 대개 기념이 될 만한 간단한 기념품을 사옵니다. 그 중에는 값이 비싼 것도 있지만 저렴하면서도 기념이 될 만한 것도 많습니다. 가장 손쉽게 구입할 수 있는 기념품은 아마 냉장고에 붙이는 마그넷이 아닐까 합니다. 좀 여유가 있다면 모형이 있는 기념품을 구입할 수도 있습니다. 기념사진은 언제나 필수입니다. 저도 여행을 가면 간단한 기념품을 사는데, 기념품의 값을 떠나서 기념하는 그 의미가 정말 중요하다고 생각합니다.

저는 장로교 목사로서 장 칼뱅을 존경합니다. 그의 생가를 방문했을 때 그의 얼굴이 그려져 있는 물컵을 하나 샀는데 볼 때마다 은혜가 됩니다. 루터 하우스에 가서도 그의 얼굴이 그려져 있는 조그마한 접시를 하나 사 왔는데 그것을 바라보고 있으면 교회가 진리 위에 굳게 세워져 나가기를 바라는 마음이 듭니다. 저의 시선을 끄는 강력한 기념품이 또 하나 있습니다. 그것은 작은 포도주잔입니다. 이 잔은 화형을 당해 순교한 종교개혁자 얀 후스를 기념하는 것입니다. 루터의 종교개혁이 일어나기 꼭 100년 전, 당시 교회는 성찬식을 행하면서 성도에게는 예수님의 몸을 기념하는 떡만 나누어주었고 포도주는 사제들만 마셨습니다. 당시 프라하 대학교 총장이었던 얀 후스는 일반 성도에게도 그리스도의 피를 기념하는 포도주를 나누어주어야 한다고 강하게 주장했습니다. 그런데 이 일은 결국 후스의 죄로 돌아갔고, 그는 교회의 명으로 처형당하고 순교의 피를 흘렸습니다. 그래서 저는 작은 포도주잔을 볼 때마다 얀 후스를 기념하게 됩니다. 가슴이 뜨거워지는 의미 있는 기념품입니다. 이 잔은 값으로 치자면 1-2만 원 정도 나가지만, 그 어떤 기념품보다 저의 믿음을 강하게 하고 예수님을 믿는 맛을 나게 합니다.

건물을 기념하는 기념품, 인물을 기념하는 기념품, 동물이나 도시, 칼과 방패 등 전쟁과 관련한 기념품, 광개토대왕비와 같은 역사적인 기념품, 아이들이 좋아하는 장난감이나 인형과 같은 기념품도 있습니다. 저는 작년에 이슬람 신자들이 집단으로 거주하는 곳에 갔다가 혹시 기념될 만한 것이 있는지 살펴보았습니다. 저는 그곳에서 도저히 영적으로 함께하기 어려운 큰 차이를 느꼈습니다. 정말이지 조그만 기념품 하나도 살 수가 없었습니다. 우리는 아무리 기념품이라 하더라도 이방 신과 관계된 것은 정말 조심해야 합니다.

하나님은 구약 시대에 제사장에게 우림과 둠밈을 주시면서 가슴에 달라고 하셨습니다. 중요한 일이 있을 때 하나님께 여쭙기 위해서입니다. 우림과 둠밈은 이스라엘 자손을 기념하는 보석이 되었습니다(출 39:7). 하나님을 믿는 성도에게 최고의 기념품은 '하나님의 자녀'라는 이름이고 '천국'일 것입니다. 우리가 하나님을 믿는 기념품을 하나님이 준비하신 것입니다. 또한 우리 자신이 하나님의 기념품임을 잊지 말아야 합니다.

불꽃놀이

*
**

  봄이 되니 실내는 물론이고 실외 활동이 많아집니다. 특히 가정의 달을 맞이해 온 가족이 나들이를 많이 할 것입니다. 꽃 축제와 스포츠 경기를 비롯해 여기저기에서 행사가 많이 개최되고 분위기가 들뜰 것입니다. 저는 집에서 저녁이 되면 가끔 야경을 감상하기도 하고 별이 떠 있는지 밤하늘을 유심히 살펴봅니다. 그런데 안타깝게도 미세먼지 때문인지 아니면 원래 그런 것인지 밤하늘에서 반짝이는 별을 보는 것이 쉽지가 않습니다. 제가 어렸을 때는 밤하늘에서 아름답고 신비하게 반짝이는 별들을 많이 볼 수 있었습니다. 요즘은 별이 잘 보이는 곳을 일부러 찾아가야 그 빛나는 별들을 볼 수 있다는 생각에 아쉬운 마음이 많이 듭니다.

며칠 전 저는 창밖을 보다가 멀리서 밤하늘을 아름답게 수놓는 불꽃놀이 광경을 보았습니다. 어디인지 확실히 모르겠지만 한 10분 정도 하늘에서는 반짝이는 불꽃들이 제각각 모양을 선보이며 화려한 자태를 뽐냈습니다. 그것을 보는 즐거움이 참 컸습니다. 잘은 모르겠지만 어느 축제에서 행사를 위해 연출한 것으로 생각됩니다.

제가 어렸을 때는 국경일에 남산에서 불꽃놀이 축제가 벌어졌었는데, 요즈음은 여의도 한강공원 등지에서 폭죽을 쏘아 올립니다. 불꽃놀이는 화약의 종류를 공중에 쏘아 올리는 것인데 제가 군대 생활을 할 때는 야간 훈련 중 조명탄을 쏘아 올려 주변을 환하게 한 다음 사격을 하거나 포탄을 쏘기도 했습니다. 이때 발생하는 불꽃은 사람에게 감동을 주기 위한 것이 아니라 사람을 긴장하게 하는 불꽃입니다.

뉴스에서 사건 사고에 대한 보도를 들으면 저는 마음이 아픕니다. 화재가 발생하여 집이 불타고 사람이 상해를 입거나 목숨을 잃는 경우가 있습니다. 화재가 발생한 원인이 용접 때문일 때 정말 가슴이 아픕니다. 쇠를 연결하거나 끊는 작업은 용접을 통해 이루어지는데 이때 불꽃이 발생합니다. 그런데 그 불꽃이 주변에 있는 가연성 물건에 옮겨 붙어 불이 나는 것입니다. 조금만 더 주의를 기울이고 안전에 힘썼다면 일어나지 않을 불행한 참사가 우리 주변에 너무 많습니다. 그런 소식을 들을 때마다 마음이 많이 상합니다. 이런 불꽃은 아름다운 불꽃이 아니라 조심하고 경계해야 할 불꽃입니다.

자세히 보면 우리가 사는 사회에는 여기저기에서 불꽃 튀는 일이 일어나고 있습니다. 스포츠 경기장에서 양 팀이 치열하게 접전을 벌일 때 우리는 이를 불꽃 튀는 경기라고 합니다. 물건을 제조하여 판매하는 회사는 기술을 개발하는 면에서나 마케팅 면에서나 불꽃 튀는 경쟁을 할 수밖에 없습니다. 또 남북회담 같은 큰 사건이 벌어질 때는 취재 경쟁의 불꽃이 튀고, 평상시 사람과 사람 사이에서는 불꽃 튀는 논쟁이 벌어지기도 합니다. 어느 불꽃은 아름다움을 주고, 어느 불꽃은 화재를 일으켜 재앙을 가져오며, 어느 불꽃은 열정을 불러옵니다.

밤하늘을 수놓은 불꽃을 보면서 저는 이런 생각을 합니다. 한국전쟁 때 우리나라의 수많은 젊은 군인이 전사했습니다. 그들은 나라와 민족을 위하여 한순간 작은 불꽃을 일으켰다 사라졌습니다. 아무도 보지 않는 곳에서 타오른 불꽃입니다. 가슴 아픈 불꽃입니다. 그러나 존경스럽고 위대한 불꽃입니다.

　폭죽의 아름다운 불꽃은 어둠을 밝히는 시간이 너무 짧습니다. 오랫동안 어둠을 밝히는 불꽃이나 별이 있으면 좋겠습니다. 다니엘 12장 3절을 보면 많은 사람을 옳은 데로 돌아오게 한 자는 별과 같이 영원토록 빛난다고 하였습니다. 우리는 예수 그리스도의 복음을 전하는 그리고 어둠을 밝히는 별이 됩시다. 이 세상에는 어두운 곳이 너무 많습니다. 이 세상이 작은 불꽃들로 밝아지기를 기대합니다.

손님/불청객

**
*

봄이 오고 날씨가 계속 따뜻하니 정말 좋습니다. 하지만 최근에는 미세먼지라는 불청객이 시도 때도 없이 찾아와 횡포를 부립니다. 우리 삶에는 반가운 손님만 찾아왔으면 좋겠습니다. 또 저 자신도 다른 사람에게 불청객이 아닌 환영받는 사람이 되면 좋겠습니다.

봄이 되면 저는 저희 교회 성도들 가정을 심방합니다. 목사가 심방을 하는 것이 혹시 성도에게 부담이 될까 봐 저는 원하는 가정만 방문합니다. 요즘 사회 분위기는 자신의 가정에 손님이 오는 것을 썩 좋아하지 않습니다. 특히 집에서 식사까지 대접한다는 것은 정말 큰 부담으로 여겨집니다. 그래서 집안의 크고 작은 행사를 집에서 차리는 경우는 많지 않습니다. 이러한 사회 분위기가 만들어진 이유가 있을 것입니다. 아마도 개인의 프라이버시를 중요시하는 시대이기도 하고, 또 사업 때문이든 직장 때문이든 취미 때문이든 간에 모두가 바쁘게 살아가기 때문일 것입니다. 직장 동료가 아니라면 상대가 누구든지 공동의 관심사가 많지 않기 때문에 가정에서 함께 시간을 보낸다는 것은 큰 부담이고 즐겁지 않은 시간이 되기 때문일 것입니다.

제가 처음 신학교에 들어가 교회에서 파트타임으로 사역했을 때 저는 저희 가정에 많은 제자를 초대해 식사하고 교제를 나누었습니다. 또 신학교 동창들도 자주 초대해 교제를 나누었는데, 오랜 세월 서로의 가정을 방문하며 우의를 다졌습니다. 제가 가진 참 좋은 추억입니다. 지금 생각해도 마음이 흐뭇해지는 날들입니다.

제가 초등학교와 중학교를 보낸 60년대에는 이웃이나 교회 성도가 서로 가정을 방문하여 음식을 나누고 함께 예배도 드렸습니다. 보릿고개가 있던 시절, 학교를 다녀오면 동네 친구 어머니나 교회 집사님들이 저희 집에 오셔서 식사도 하시고 교제도 하시는 모습을 종종 보았습니다. 그 모습이 지금도 기억이 나는데, 참 좋아 보였고 제게는 익숙한 풍경이었습니다. 교회 청년이나 학생들이 저희 집 앞을 지나가다가 식사 때가 되면 저희 어머니에게 밥을 달라고 하거나, 어느 때는 자기들이 직접 음식을 꺼내 먹기도 했는데 그 모습이 참 정겨웠습니다. 시골에서 올라오신 저희 교회 전도사님은 저희 집에서 몇 달간 지내셨는데 저는 그 시간이 그렇게 즐거웠습니다. 모두 다 반가운 저희 집 손님들이었습니다.

물론 반갑지 않은 손님도 있었습니다. 시골에서 가지고 온 물건이라면서 꼭 팔아달라고 사정을 하고 떼를 쓰는 사람들이 있었습니다. 어머니는 그분들에게 대문을 열어준 것을 많이 후회하셨는데 그때 어머니가 팔아준 꿀들은 가짜도 많았습니다. 어느 때는 거지들이 대문을 두드리기도 했고, 또 대문이 열려 있을 때는 집 마당까지 들어와 밥을 달라고 떼를 썼습니다. 당시에는 구걸하는 사람이 하루에도 몇 명씩이나 되어 그들의 요구를 다 들어줄 수가 없었습니다. 그런데 어느 날인가 아버지가 한 걸인을 우리 집 마루에 올라오게 하시고는 어머니에게 밥상을 차

려드리라고 하셨습니다. 그때 아버지가 반갑지 않은 손님이라도 우리 집에 오면 잘 대접해야 한다고 하신 말씀이 생각납니다.

창세기 18장에 보면 믿음의 조상 아브라함의 이야기가 나옵니다. 날씨가 뜨거운 날에 그가 장막 문에 앉아 있다가 사람 셋이 맞은편에 서 있는 것을 보고는 그들을 집에 모셔 발을 씻긴 다음 떡을 대접하고 송아지를 잡아 대접합니다. 그들은 하나님의 천사들이었습니다. 그래서 아브라함은 아들을 낳을 것이라는 약속을 받았습니다. 예상치 못한 천사의 방문으로 인해 그는 축복을 받습니다. 아브라함의 조카 롯도 천사를 집 안으로 모셔 들이고 대접해 구원받는 길을 안내받았습니다. 이 세상에서 가장 좋은 손님은 하나님이시며 가장 악한 불청객은 사탄입니다. 오늘도 우리 마음의 방과 우리 가정에 주님을 초청합시다. 그리고 풍성한 교제를 나눕시다. 그리고 그분을 손님이 아닌 주인으로 모십시다. 그러면 우리 가정은 은혜로 가득 찰 것입니다.

성령 강림

*
**

　오월은 가정의 달입니다. 우리는 가정을 위해 기도하고 보살 피며 잘 가꾸어나가야 합니다. 오늘날은 가정이 여러 형태로 존재하므로 하나의 틀을 정해놓고 이것이 가정이고 이렇게 해야 한다는 규정을 정해 가르치기가 쉽지 않습니다. 어떤 형태의 가정이든 귀하게 여기고 존중해야 합니다. 모든 가정 가운데 하나님의 말씀이 이루어지고 하나님의 은혜 속에 든든히 세워져 나가야 합니다.

　지난 주일은 성령 강림 주일로 지켰습니다. 주님이 하늘로 가시면서 또 다른 보혜사를 보내주신다고 약속하셨는데 그분이 바로 성령님입니다. 주님의 제자들은 성령을 보내주신다고 했을 때 성령이 어떤 분인지 이론적으로는 어느 정도 알고 있었을 것입니다. 또 주님과 함께 있으면서 성령의 임재하심과 능력을 조금씩은 맛보았을 것입니다. 왜냐하면 주님이 70문도를 세우시고 각 지방으로 보내시며 전도하라고 하셨을 때 그들이 병을 고치고 귀신을 내보냈기 때문입니다. 이것은 성령의 은사가 아니면 결코 일어날 수 없는 신비한 역사입니다.

예수님 당시 성경을 많이 알았던 서기관이나 바리새인들 그리고 높은 직책에 있었던 제사장이나 장로들은 그런 능력을 행하지 못했습니다. 아무리 직책이 높고 가문이 좋으며, 하나님을 믿은 지 오래되었거나 성경과 신학을 많이 알아도 성령의 은사가 없다면 하나님의 종으로서 복음을 증거하는 데 별 효과가 없는 것입니다. 그래서 주님은 제자들에게 공부를 많이 하거나 교양을 많이 쌓으라고 하지 않으시고 오직 성령의 충만함을 받으라고 하신 것입니다.

사도 바울도 에베소서 6장 18절에서 오직 성령으로 충만함을 받으라고 권고합니다. 성령 충만과 가정은 밀접한 관계가 있습니다. 바울은 에베소서에서 성령 충만을 강조하면서 아내와 남편, 자녀와 부모의 관계에 대하여 깊이 가르치고 있습니다. 이것은 성령이 충만해야 온전한 가족관계가 이루어지고, 성령으로 충만하지 않다면 모든 이론과 지식과 율법이 무용지물이 되며 온전한 가정을 세워나가기 어렵다는 것을 말해줍니다. 이것은 사실입니다.

오늘날 한국교회의 성도와 교회는 "성령의 충만을 받으라"는 말씀을 제각각 받아들이는 것으로 생각됩니다. 성령 충만에 대한 기본 지식과 이해에서 사람마다 차이가 있기 때문입니다. 어느 성도는 너무 좁게, 어느 성도는 아주 넓은 의미로 받아들입니다. 오늘날에도 성도마다 교회마다 차이가 있지만 1960-1970년대에 성령 충만을 받으려는 자세와 열기는 2018년을 살아가는 오늘날 성도들과 비교해볼 때 크게 차이가 납니다. 저는 40-50년 전보다 지금은 열기가 현저히 식었고, 실제로 성령 충만에 이른 사람도 적다고 평가합니다. 지금 교회들이 잠잠하고 평온한 것은 성도로서 신앙의 성숙에 이르렀기 때문인 경우도 있지만, 대부분은 성령의 임재에 대한 열망이 식었기 때문이라고 생각합니다. 성령에 충만한 사람이 많지 않을 뿐더러 또한 성령의 충만을 크게 경험했던 사람 대부분도 지금은 잘 유지하지 못하고 있으며, 상당히 약화된 사람도 많습니다.

며칠 전 다른 교회를 다니는 안수집사님과 대화를 나누게 되었습니다. 그분은 30여 년 전 기도하면서 성령의 충만함을 경험했다고 말했습니다. 기쁨이 넘치고, 주님이 늘 자신에게 임재하셨으며, 성경을 보면 깊이 있는 것까지도 깨달아졌다고 합니다. 그런데 주변에서 그분을 이상한 눈으로 보았고, 그로 인해 성령 충만에 대해 점점 소홀해졌는데 이제는 옛날과 비교해보면 너무 약해졌다고 아쉬워했습니다. 그분은 다시 성령 충만했던 시절로 돌아가고 싶다고 했습니다. 그래서 그분은 회개하기 시작했습니다. 성령님은 우리에게 충만히 오기를 원하십니다. 회개하시고 가슴을 활짝 여십시오. 지금도 성령님은 우리에게 임하십니다. 성령 충만한 삶을 삽시다.

제비뽑기

*
**

지난 주간은 성령 강림 주간으로 지켰습니다. 교회는 성령이 강하게 임하신 오순절 역사를 계기로 힘을 얻었고, 든든하게 세워졌습니다. 열두 사도를 중심으로 강력한 하나님의 임재가 있었던 것입니다. 열두 사도 중 가룟인 유다는 죽었고 맛디아가 그 자리를 채웠습니다. 사도를 보충할 때 주님이 직접 오셔서 특정한 사람을 지명하신 것이 아니라 두 사람을 추천하고 그중 한 사람을 제비뽑았습니다. 한 명은 유스도라고 하는 요셉이고, 또 다른 한 명은 맛디아였습니다. 베드로는 하나님께 "한 명을 뽑아주십시오"라고 기도했는데 맛디아가 뽑힌 것입니다. 사도를 뽑기 위해 성경 시험을 보거나 가문을 보거나 인기를 본 것이 아니라 하나님께 전적으로 맡기는 가운데 제비를 뽑아 결정한 것입니다. 그리고 뽑힌 한 사람은 영광스러운 열두 사도에 속하게 되었습니다(행 1:26). 합리적이지 않고 비이성적인 것 같지만 초대교회는 이런 방법을 택했습니다.

사실 제비뽑기는 구약 시대에도 있었던 일입니다. 이스라엘 백성이 여호수아 때 가나안 땅으로 입성했는데, 그때 땅을 분배받기 위하여 제비를 뽑았습니다(수 18:6). 제비뽑기는 몇 가지 방법이 있다고 합니다. 돌이나 나무 등을 선택하여 제비로 하고 색을 칠하거나 글자를 써넣는데, 이 제비를 땅에 던져 결정하는 방법입니다. 또 하나는 표시해둔 제비를 용기에 넣고 흔든 후 그중 하나를 튀어나오게 하고, 그때 나온 제비에 쓰인 대로 행하는 방법입니다.

제비뽑기는 다양한 형태가 있고 다양한 모습으로 발전하는 것 같습니다. 그중 보물찾기 행사도 있습니다. 제가 초등학교와 중·고등학교 시절에는 소풍을 가면 상품이 적혀 있는 쪽지를 찾는 보물찾기 행사가 늘 있었는데 저는 실적이 매우 좋지 않았습니다. 또한 교회에서 성탄절 행사 때 각자 선물을 준비하여 번호를 붙이고 제비를 뽑아 선물을 가져가게 했는데 저는 늘 제가 준비한 선물과 비교했을 때 만족스럽지 못한 선물을 뽑고는 했습니다. 그래서 저는 제가 제비뽑는 일에 재주가 없는가 하는 생각도 들었습니다. 혹시 내 기도가 부족했나 하는 생각을 하기도 했습니다. 그러나 선물 때문에 하나님께 기도한다는 것이 무언가 마음이 내키지 않아 경품 행사에는 늘 별 의미를 두지 않고 참여했습니다.

저는 지금도 생각나는 제비뽑기에 대한 기억이 하나 있습니다. 교회 안에 200명 정도의 사람이 있었는데 모두 자기 번호를 가지고 있었고, 각 번호마다 해당하는 선물이 준비되어 있었습니다. 한 사람씩 함 속에 있는 수백 장의 번호표 중 한 장을 꺼내면 되는 것이었습니다. 그런데 제 친구가 번호표를 뽑았는데 놀랍게도 아내의 번호를 뽑고 좋은 상품을 선물로 받았습니다. 그 자리에 모인 사람들의 환성이 터져 나왔습니다. 그런데 모든 사람을 경악하게 한 것은 이어서 그 아내가 제비를 뽑았는데 남편이 가지고 있는 번호를 뽑은 것입니다. 남편은 아내의 번호를, 아내는 남편의 번호를 뽑을 확률은 상당히 낮습니다. 저는 그 시간 하나님의 손길이 역사했을 것으로 생각합니다. 그래서 그 후 대단히 중대한 일이 아니더라도 성도가 관심을 가지고 기도하면서 하나님께 맡기고 제비뽑기를 한다면 분명 주의 손길이 역사하실 것으로 생각합니다.

구약 시대에는 하나님이 허락하신 땅을 분배하기 위해, 초대교회 때에는 사도직을 이어가기 위해 의미 있는 제비뽑기를 했습니다. 오늘날 사행심에서 우연히 좋은 것을 얻기 위해, 어느 때는 일확천금을 위해 도박과 같은 뽑기를 하는 것은 옳지 않습니다. 그런 것은 주의 뜻도 아니고, 그런 일에는 주의 손길이 역사하시지 않습니다. 그런데 정말 중요한 것은 성도는 하나님이 많은 사람 중에서 선택한 사람이라는 사실입니다. 하나님이 우리를 뽑으셨음에 감사드립시다.

피라미드형

*
**

저는 얼마 전 사진첩을 보면서 추억에 잠긴 적이 있습니다. 덕분에 바쁜 일정 속에서 잠시나마 여유를 가져보았습니다. 이것저것 들추어보다가 눈에 들어온 사진이 하나 있었습니다. 신학대학을 다닐 때 제주도로 졸업여행을 가서 찍은 것인데 예사 사진이 아니었습니다. 성산 일출봉 앞 잔디에서 찍은 것으로, 동창생 열 명이 한 몸을 이루어 피라미드 모양을 하고 찍은 사진입니다. 네 명이 무릎을 꿇고 손을 펴서 등을 평평하게 만들면, 그 등 위에 다른 동창 세 명이 두 사람 사이로 올라가 똑같은 형태로 엎드립니다. 다시 그 위에 다른 두 명이 올라가고, 맨 마지막에 한 명이 올라가 서서 손을 흔드는 것입니다. 그러니까 가장 밑에는 네 사람, 그다음은 세 사람, 그다음은 두 사람, 마지막에 한 사람이 올라가므로 피라미드 형태의 모양이 되는 것입니다.

고정된 물체가 아닌 움직이는 사람의 등 위에 올라가서 엎드린다는 것은 참 어렵고 위험한 일입니다. 사람끼리 쌓아 만든 집을 네 단계까지 올라가기도 쉽지 않았지만 해체하기도 어려웠습니다. 잠깐 삐끗이라도 하는 날이면 위에 오른 사람이 떨어져 다칠 수도 있기 때문입니다. 저는 그때 제일 밑에 있었기 때문에 윗사람의 체중을 이겨내느라 힘들었던 기억이 납니다. 한창 젊었을 때의 추억거리입니다.

옛날에는 전국적인 규모의 큰 체육 대회가 열리면 매스 게임, 즉 집단 체조를 하곤 했는데, 화려하고 격렬한 체조와 곤봉 돌리기 시범 등도 있었지만 피라미드를 만드는 체조가 제 눈에는 가장 멋져 보였습니다. 피라미드는 몸무게와 키가 각기 다른 열 명이 아무리 힘들어도 참고 인내하며 협력하지 않으면 만들 수 없습니다. 만일 한 사람이라도 실수한다면 사람이 무너져 내려서 크게 다칠 수가 있습니다. 그것은 벽돌을 쌓듯이 쌓인 것이 아니라 움직이는 사람으로 쌓였기 때문입니다.

지금은 중국 땅이지만 한때는 고구려 수도였던 즙안에 가면 장군총이 있는데 아주 큰 돌로 쌓은 피라미드형 무덤입니다. 동방의 피라미드라고도 합니다. 그런데 큰 돌로 쌓은 것이지만 아주 큰 돌 여러 개를 무덤 하층 부분에 기대어 놓았습니다. 무너지는 것을 방지하기 위해서입니다.

저는 열 사람이 만든 피라미드 모형을 보며 오늘날 우리 교회의 모습을 떠올려보았습니다. 열 명이 모두 몸무게와 키가 다르듯 교회를 구성하는 성도들은 출신 배경이나 성향, 믿음의 분량이 각기 다릅니다. 열 명의 위치가 각각 다르듯이, 성도들이 하나님을 섬기는 위치도 각기 다릅니다. 그리고 어느 위치에 있든 힘들고 어려운 것은 마찬가지입니다. 맨 아래 있는 사람이 제일 힘들 것 같지만 엎드려 있는 사람 등 위에 올라가 또 엎드린다는 것은 균형을 잡기가 쉽지 않습니다. 이처럼 성도가 교회 안에서 무엇을 하든 결코 쉬운 일은 없습니다.

교회에서는 가르치는 사람도 있고 주방에서 봉사하는 사람도 있습니다. 환경 미화를 하는 사람, 청소하는 사람, 화초를 가꾸는 사람, 음향 책임자, 재정 담당자 등 다양한 분야에서 섬기는 성도가 있는데 어느 하나 중요하지 않은 일은 없습니다. 어느 분야라도 소홀해지거나 무너지면 교회는 큰 타격을 입게 됩니다.

모두가 불안하고 힘든 상태이지만 공동체를 생각하며 힘을 합하는 것입니다. 그렇게 할 때 피라미드 형태의 멋진 모습을 세상에 보여줄 수 있습니다. 교회가 이렇게 유기적으로 움직일 때 우리가 사는 가정과 사회도 서로 인정하며 협력하여 건강하고 멋진 모습을 보여줄 수 있는 것입니다.

에베소서 4장 3절은 우리에게 "성령이 하나 되게 하신 것을 힘써 지키라"고 말씀합니다. 우리는 이미 피라미드의 멋진 모습을 만든 것은 아닐까요? 무너지지 않게 몸 된 교회를 잘 지켜나갑시다. 우리는 교회의 지체입니다.

희미한 세상

*
**

며칠 전 저는 제 형제들과 최전방 중 한 곳인 강화도와 그 옆에 있는 교동에 다녀왔습니다. 북한과 사이가 좋지 않을 때는 가는 것이 꺼려지는 곳인데, 요즈음은 분위기가 괜찮아 가게 되었습니다. 저희는 교동과 강화도의 통일전망대에 가서 북한 지역을 보았습니다. 특히 교동의 망향대에서는 황해도 연백이 보이는데 거기가 제 부모님의 고향입니다. 저는 태어나서 처음으로 아버지와 어머니의 고향 땅을 바라보았습니다. 제가 있는 곳에서 3킬로미터밖에 떨어지지 않은 가까운 거리여서 망원경으로

마을과 논밭의 모습을 볼 수 있었습니다. 하지만 안개 때문인지 미세먼지 때문인지는 몰라도 자세한 모습을 보지는 못해 조금 아쉬운 마음이 들었습니다. 그런데 그것보다는 부모님과 살아계실 때 같이 와보지 못한 것이 많이 아쉬웠습니다.

저의 부모님뿐만 아니라 남한의 이산가족 숫자가 약 800만 명이라고 하는데 다시는 고향 땅을 보지 못하고 이미 세상을 떠난 분이 대부분일 것입니다. 살아계신 분이라 해도 이미 고령이셔서 눈이 어두워 바다 건너 고향 지역을 자세히 보시기는 어려울 것이라 생각됩니다. 이런 생각을 하다 보니 이 땅의 실향민들은 아직 눈물을 흘리고 있겠다는 안타까운 마음이 들었습니다.

최근 남북관계의 물꼬가 트여 정상들이 회담을 하는 등 상황이 긴박하게 돌아가고 있습니다. 많은 사람이 남북이 화해하고 협력했으면 하는 마음일 것입니다. 그런데 지난 65년간 수도 없이 장밋빛 청사진을 그렸지만 낙담하고 실망한 경험이 많아 과연 이번에는 좋은 열매를 확실하게 거둘 수 있을지 회의하고 걱정하는 사람도 있을 것입니다.

세상을 사는 것 자체가 불투명의 연속이라는 생각을 하는 사람이 많을 것입니다. 많은 젊은이가 자신들의 현재와 미래가 불투명하고 희미하다고 생각할 것입니다. 나이가 들어가는 장년층과 노인층도 미래가 흐릿하다고 느낄 것입니다. 자신의 눈이 어두워지듯 미래도 희미하고 어둡다고 생각할 것입니다. 개인적으로 결혼이나 직장 문제로 미래가 희미하게 느껴지고, 나라 전체를 보더라도 경제나 정치가 밝고 시원하게 보이는 것이 아니라 작은 불빛이 어두움을 비추듯 희미하게 보인다고 생각하는 사람이 많으리라 생각합니다.

하나님을 믿고 신앙생활을 하는 성도들도 자신의 신앙이 정말 확고부동해서 어떠한 시련이 와도 이겨내고, 천국을 바라보며 시원시원하게 산다고 말할 사람이 그렇게 많아 보이지 않습니다. 눈앞에 안개가 낀 듯 흐릿한 가운데 천국을 바라보고 주님을 바라보고 있지는 않은지요. 바울 사도는 고린도전서 13장 12절에서 "우리가 이제는 거울을 보는 것처럼 희미하나 그때에는 얼굴과 얼굴을 대하여 볼 것이요"라고 하였습니다. 고대 시대에 거울은 요즘처럼 유리 재질이 아니라 구리를 연마해 만든 것이어서 거울 자체가 희미할 수밖에 없었습니다. 바울은 우리가 주님을 섬기고 천국을 바라보는 일도 구리거울에 얼굴을 비추어보듯 희미하다고 한 것입니다.

이 세상의 모든 것이 분명하지도 않고 밝지 않을 수 있습니다. 그런 상황에서 우리가 비록 이 땅에서 살고 있지만 더 확실하고 분명하게 하나님을 알고 천국을 알 수 있습니다. 하나님을 가장 잘 아는 길은 성경을 깊이 아는 것입니다. 우리는 시력만 떨어지는 것이 아니라 영적 시력도 많이 약해져 있습니다. 그러므로 성경을 보아도 깊이 보지 못하고 희미하게 보고, 믿음이 희미하게 자라는 경우가 많습니다. 우리 영혼과 마음과 생각을 깨끗이 한다면 성령이 모든 것을 밝히 드러나게 하실 것입니다. 우리가 빛 가운데 거하면 모든 것을 빛처럼 밝게 볼 수 있습니다. 희미한 것, 불확실한 것, 어두움은 물러갈 것입니다. 우리 자신을 깨끗이 합시다. 그렇다면 영적 세계와 이 세상을 선명하게 볼 수 있습니다.

보고 듣고
느끼는 한계

*
* *

    제가 목양실에서 독서를 하거나 기도할 때 불편한 점 하나는 교회 옆 건축 공사장에서 들려오는 시끄러운 소리입니다. 창문을 닫으면 한결 낫지만 환기를 하거나 에어컨 바람이 싫어서 창문을 열면 너무 시끄러워 일하는 데 영향을 줍니다. 그런데 신기하게도 어느 날은 공사하는 소리를 듣지 못하고 시끄러움을 느끼지 못할 때가 있습니다. 저희 집 근처에도 지상을 지나는 지하철이 있는데 어느 날은 귀가 따갑도록 시끄럽지만, 또 어느 날은 전혀 소리를 느끼지 못하기도 합니다.

제 귀가 멋진 작용을 해서 시끄럽고 도움이 되지 않는 소리는 듣지 않았으면 좋겠습니다. 그리고 제 영혼과 감정과 지식에 도움이 되는 소리, 이 땅에서 살고 싶어지는 데 도움이 되는 소리만 저와 우리 모두에게 들렸으면 좋겠습니다.

소리 중에는 주파수가 매우 높은 고음이 되면 사람이 들을 수 없는 것도 있습니다. 지나치게 저주파가 되어도 들리지 않는다고 합니다. 그러니 사람은 자기가 인식할 수 있는 범위에서 듣는 것이지, 주파가 지나치게 낮거나 높으면 그 소리가 아무리 우리 귀가에서 장시간 울려 퍼진다고 해도 들을 수 없습니다. 저는 사도행전 9장에서 사울이 성도를 핍박하기 위해 다메섹에 갔다가 예수님의 음성을 들은 장면이 생각납니다. 주님은 사울에게 "사울아 사울아 네가 어찌하여 나를 핍박하느냐?"라고 말씀하셨습니다. 이때 같이 갔던 사람들은 무슨 소리가 나는 것은 들었으나 사울처럼 자세히 그 내용을 듣지는 못했습니다. 어쨌든 부활하신 예수님이 나타나셔서 하신 말씀의 소리를 여러 사람이 같이 들었다는 것이 신기하고 놀랍습니다.

사실 귀로 듣는 것뿐 아니라 사람이 눈으로 사물을 보는 것에도 한계가 있습니다. 우리는 세균이나 박테리아 그리고 정말 작은 생명체가 있다는 것을 압니다. 그러나 그것을 보기 위해서는 현미경이 꼭 필요합니다. 또한 하늘에 떠 있는 별이나 우주는 대형 망원경을 통해서만 자세히 볼 수 있습니다. 그러므로 우리 눈이 이 세상의 모든 것을 보고 있다고 말할 수 없습니다. 특히 먼 나라에 사는 사람들이 자기 집 안에서 이야기를 나누는 것을 우리가 여기에 앉아서 안다는 것은 꿈만 같은 일이고 비상식적인 이야기일 것입니다. 그러나 열왕기하 6장을 보면 선지자 엘리사는 아람 왕이 내실에서 비밀스럽게 하는 이야기를 멀리 떨어져 있으면서도 알았다는 기록이 나옵니다. 엘리사의 눈이 천리경인 것입니다.

우리가 손으로 만지고 느끼는 것은 완전하지 않습니다. 무엇을 만지지 않았는데 우리 손에 무엇이 만져진 것 같고, 우리 몸에 무엇이 붙어 있는 것처럼 느껴질 때가 있습니다. 우리 얼굴에 무슨 벌레나 티끌 같은 것이 붙어서 움직이는 것 같아 거울을 보았지만 아무것도 없는데도, 무엇인가 붙어서 움직이는 것을 느끼기도 합니다. 제게는 이런 증상이 너무 자주 있어서 지금은 이상하지 않습니다.

야곱은 얍복 강가에서 천사와 씨름하였고, 나중에 천사가 야곱의 허벅지를 치는 바람에 다리를 절었습니다. 과연 영적 존재인 천사가 사람을 때릴 수 있으며 또한 다리를 절게 할 수 있을까요? 그러한 영적 존재가 과연 우리 눈으로 보고, 우리 귀로 들으며, 우리 손과 다리가 느낄 수 있는 영역인지 생각해보아야 합니다. 저는 생각합니다. 이 세상에는 내 눈으로 보이는 것만 존재하는 것이 아니며 내 귀로 들리지 않으나 존재하는 세상이 있고, 내 손으로 만질 수 없으나 실존하는 세계가 있다는 것을 말입니다. 그래서 하나님과 천사가 존재하고, 마귀도 존재하며, 과학이 접근할 수 없는 신비의 세계가 있다는 것을 인정할 수밖에 없습니다. 우리는 마음을 열고 귀를 열고 눈을 열어 하나님이 행하시는 일을 보아야 합니다. 하나님은 지금도 살아계십니다. 그분의 음성을 듣고 그분의 일하심을 영적인 눈으로 보십시오.

상처 난 내 영혼과 심령

*
**

  6월을 나라와 민족을 위하여 기도하는 달로 정하고 기도하는 교회가 많습니다. 어제가 6월 25일이었는데, 68년 전 이날은 남과 북이 전쟁을 시작한 슬프고도 비참한 날이었습니다. 저의 아버지는 고향이 북한이셨습니다. 북한 땅이 공산화되자 아버지는 많은 사람과 함께 38선을 넘었고, 청단이라는 곳에서 1년 정도 사셨습니다. 그때 북한이 갑자기 남침하여 피난을 가지 못한 저의 아버지는 27세의 젊은 아기 아빠였는데, 북한군에게 체포되고 말았습니다. 그 후 하나님의 은혜로 도망칠 수 있었고, 어머니와 헤어진 후 2년 만에 재회하셨다고 합니다. 그리하여 제가 태어날 수 있었습니다. 6월이 되면 저는 아버지와 어머니가 겪으신 6·25 전쟁이라는 참혹했던 시절의 이야기가 생각납니다.

이제 전쟁이 끝나고 65년이 지났지만 엄밀하게 말해 전쟁은 끝난 것이 아닙니다. 아직도 수많은 사람의 몸에 상처가 남아 있고, 무엇보다 그 가슴에 남은 슬프고 쓰라린 상처는 아물지 못하고 있습니다. 이 상처는 전쟁을 겪은 사람들뿐만 아니라 그들의 자녀들 그리고 후손들에게까지 후유증을 남기고 있는 것입니다. 저의 교회 전도사님 중에는 영화 "국제시장"의 모델이 되었던 흥남철수작전의 마지막 배에 탑승하셨던 분이 있습니다. 당시 그분은 어린아이였는데 이제는 나이가 일흔이 다 되셨습니다. 그분에게 그 사건은 충격적인 경험이었을 것이며, 그분의 영혼과 가슴에는 두려움과 공포로 인한 상처가 남았을 것입니다.

우리 주변에는 다툼과 싸움과 원망과 슬픔이 많습니다. 그것은 이 나라에 그동안 고통스러운 일들이 많았기 때문입니다. 시간이 지나면서 그 많던 사건과 사고들이 다 사그라진 것 같지만, 사실 여기저기서 계속 이어지고 있습니다. 마음의 상처 때문입니다.

길을 걷거나 운전을 하다 보면 또 다른 상처를 발견합니다. 이제 막 도로공사를 마쳐 아스팔트길이 생기고 널찍한 인도와 자전거 도로가 생겼는데 무슨 이유인지 새롭게 공사를 시작합니다. 원래 깔끔하고 정돈되었던 길을 가로질러 땅을 파는 것입니다. 나중에 다시 원상복구를 하지만 새 옷을 입은 것 같았던 도로가 어느새 누더기를 입은 듯 지저분해 있습니다. 인도 블록도 다시 들어냈다가 복구했는데 울퉁불퉁하고 여기저기 흙이 튀어나와 얼마 전 새 단장을 했던 길이 벌써 누덕누덕한 모습입니다. 이렇게 순서 없이 일하는 이유는 모르겠지만 상당히 많은 도로에 상처를 남긴 꼴이 된 것입니다.

원래의 아름다운 모습에 흠집과 상처를 남기는 일은 이 세상에는 많이 있습니다. 필요해서 벽에 못을 박았는데 그 못을 빼면 못 자국이 생깁니다. 저도 요새 상처가 생겼습니다. 자동차를 지하 주차장에 주차해놓았는데 시멘트가 섞인 물이 앞 유리에 흘러내렸습니다. 시멘트 물이 유리를 파고들어 지워지지 않아 물 흐른 자국이 다섯 줄기나 남았습니다. 그것을 보니 제 마음에도 흠집이 생긴 것 같습니다.

상처가 남긴 흠과 티 중 가장 무서운 것은 죄가 남긴 것입니다. 우리 인생이 죄를 지으면 하나님이 아실 뿐만 아니라 우리 영혼과 육체에 자리를 잡습니다. 우리가 회개하지 않는다면 그 죄는 우리 영혼에 그리고 우리 삶에 큰 문제를 일으키게 됩니다. 우리가 회개할 때 하나님은 죄를 용서해주시지만, 그 죄가 상처를 남긴다는 것을 기억해야 합니다. 그러므로 정말 죄는 지어서는 안 되고, 설혹 죄를 지었더라도 최대한 빨리 회개해야 상처를 최소화할 수가 있습니다. 한국교회 성도들은 죄로 인한 하나님의 징벌과 죄의 후유증에 대해 과소평가하는 분위기가 강합니다. 이 세상에서 가장 중요한 것은 우리 몸과 마음 그리고 영혼입니다. 날마다 주님께 나아가 상처 없는 영혼이 되기를 소원합니다. 흠과 티도 없는 그리스도의 신부가 됩시다.

3부

︙

칠월과
팔월,
구월

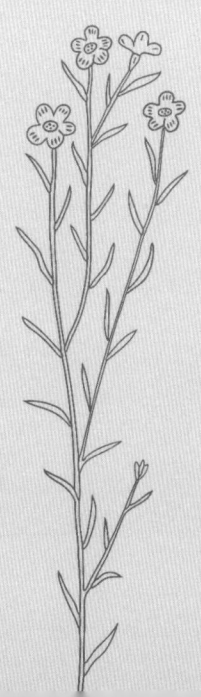

교육

*
**

 어느덧 7월이 되었습니다. 7월에는 각급 학교가 그동안 가르친 것에 대해 시험을 봅니다. 그리고 방학에 들어갑니다. 많은 학생이 학업에 정진하느라 힘들었을 것입니다. 특히 아르바이트를 하면서 공부하는 학생이나 가정적으로 큰일을 당한 사람 그리고 건강에 이상이 생겨서 고생하는 학생도 있었을 것입니다. 요사이는 사회가 어지럽고 영적으로 문제가 많은데다, 정신적으로도 문제가 많아 우울증 등으로 고통당하는 사람이 많습니다. 안타까운 현실입니다.

 제가 신학대학을 다닐 때 저와 조금 가까이 지냈던 친구가 있었는데 그 친구는 정신적으로 고통스러워했습니다. 가끔 그 친구 생각이 납니다. 친구의 아버지는 서울의 유명 대학교 교수셨고, 그 친구 또한 서울의 명문 고등학교를 졸업한 학생이었습니다. 정말 공부도 잘하고 키도 크고 잘생긴 친구였습니다. 그런데 그는 학교에서 가끔 문제를 일으켰습니다. 동료들과 말다툼을 하기도 하고 어느 때는 폭력을 쓰기도 했습니다. 사람들은 그를 이상한 사람으로 생각했고, 가까이하는 사람이 별로 없었습니다. 그는 여러 번 휴학을 했는데 저를 좋게 생각했는지 저와 자주 대화를 나눴습니다. 그런데 어느 날부터인가 그의 모습이 보이지 않았습니다. 몇몇 친구가 그의 상황이 궁금해 부모님에게 안부를 물었지만 시원한 대답을 듣지 못했습니다.

세월이 40년이나 흘렀지만, 가끔 그 친구가 궁금해지곤 합니다. 지금 생각해보면 그는 강박관념과 우울증에 시달리지 않았나 추측해 봅니다. 그는 환경과 가문, 물질과 학업 등 어느 것 하나 부족한 것이 없어 보였는데도 사회생활에 큰 지장이 있었습니다. 저는 이런 것들이 영적인 문제라고 판단합니다.

저는 우리나라의 큰 정신병원에서 중요한 직책을 맡고 있는 상담학 박사의 강의를 들은 적이 있습니다. 그는 의미 있는 말을 했습니다. 그는 자신이 알기로 우리나라의 정신병원에 입원해 있는 환자 중 약 50퍼센트는 악한 영, 즉 귀신의 영향을 받고 있을 것이라고 했습니다. 악한 영이 인간에게 이렇게 많은 영향을 주고 있다는 것입니다. 그는 약 10만 명 가까이 정신병원에 들어가 있고, 또 당장 병원에서 치료를 받아야 할 사람은 그보다 훨씬 더 많다고 했습니다. 또 어떤 학자는 우리나라에 우울증 등 정신적인 문제로 고통당하는 사람이 100만 명이 넘을 것이라고 합니다. 그 수가 500만 명이라고 보는 사람도 있습니다. 정말 충격적인 이야기입니다.

학교에서 아무리 지식을 쌓아도 인간은 자신의 영적인 문제를 해결하기 어렵습니다. 세상 교육이 중요하기는 하지만 만병통치약은 아닙니다. 아무리 교육을 받고 지식을 쌓아도 서로 다투고, 욕심 부리며, 부정을 저지르고, 전쟁을 합니다. 우리는 근본적인 문제, 즉 영적인 문제를 제대로 해결받아야 합니다. 그러려면 주님께 가까이 나아가고 회개해야 하며, 거룩한 삶을 살기 위해 힘써야 합니다.

7월과 8월은 각 교회에서 또는 여러 단체에서 수련회를 합니다. 정말 유익한 시간일 것입니다. 세상의 일을 잠깐 멈추고 시간을 내어서 기도하고 영적인 이야기도 들으며 성경공부도 한다면 우리 영혼과 인생에 큰 도움이 될 것입니다. 인생은 육체만 있는 것이 아니라 영혼이 있고 속사람이 있습니다. 우리 영혼이 잘되어야 범사에 잘될 수 있습니다. 무더운 여름철이지만 우리의 신앙이 후퇴하는 것이 아니라 오히려 전진하는 기회가 되면 좋겠습니다. 우리의 영혼과 신앙생활에 다시 한 번 관심을 가집시다. 주님을 바라봅시다. 주님이 기대하시는 사람으로 삽시다.

흠도 티도 없이

*
**

 7월에는 각급 학교가 학업을 마치고 방학에 들어갑니다. 그래서 교회는 주일학교를 위한 여름성경학교나 여름 수련회를 준비합니다. 저는 어린이들이 교회에 나와 찬송하고 예배하는 모습을 보면 제가 주일학교에 다니던 어린 시절이 생각납니다. 그때는 교회에서 성경퀴즈대회도 하고, 찬송 부르기 대회도 했습니다. 특히 여름성경학교는 축제 가운데 개최되었습니다. 제가 4학년 때인가 노래자랑이 있었는데 어떤 여자아이가 찬송을 부르다가 가사를 잊어버리고 잠시 멈칫하다가 이어서 노래를 불렀는데 그 아이가 1등을 차지했습니다. 저는 그때 왜 그 아이가 1등을 했는지 궁금했고 지금도 의문은 풀리지 않았습니다. 피식 웃음이 나오는 주일학교 성경학교 때의 추억입니다.

그때 우리 동네에는 감리교, 장로교, 안식교가 있었습니다. 각 교파마다 아이들을 교회에 나오게 하려고 먹을 것을 주는 경우가 많았습니다. 오늘은 어느 교회에서 빵을 준다고 하는 소문이 들리면 많은 아이가 몰려갔던 기억이 납니다. 60년대에는 서울에 있는 교회라도 수련회를 가는 것이 쉽지 않았습니다. 그리고 다른 시골 교회로 봉사 활동을 가는 것도 낯선 시절이었습니다. 저는 스무 살이 되던 해 우리 교회 청년 10여 명과 함께 성경학교를 하고 싶어도 교사가 없어 하지 못하는 농촌 교회로 성경학교를 도와주러 갔습니다. 온 동네를 다니며 아이들을 모아 성경을 가르치고 율동을 함께하며 인형극이나 동화를 들려주었습니다. 그리고 밤이면 교사들끼리 함께 모여 기도했습니다. 지금부터 40-50년 전에는 주님께 충성하고 교회에 헌신하신 사람이 참 많았습니다.

이 땅에 태어나 살면서 가장 감사한 일은 제가 하나님의 자녀가 되고, 하나님께 충성하는 자가 되었다는 것입니다. 아무리 생각해보아도 예수님을 구주로 믿고 사는 것이 이렇게 행복하고 감사할 수가 없습니다. 예수님을 믿는 궁극적인 목적은 우리가 죽어 천국에 가는 것입니다. 그리고 이 땅에 살면서 주님을 마음에 모시고 주님과 동행하는 삶을 사는 것입니다. 주님을 확실히 알고 믿고 체험한다면 이 땅에서 늘 감사하며 기쁘게 살아갈 수 있습니다. 그리고 주님 나라를 위해 일하거나 직장에서나 가정에서 일할 때도 힘이 납니다. 그리고 능동적으로 일할 수 있습니다. 그러므로 열매도 많이 나타날 가능성이 큽니다.

물론 예수님을 믿어도 우리가 원하는 대학이나 직장에 들어가지 못할 수도 있습니다. 또 우리가 원하는 경제적 수준에 도달하지 못할 수도 있습니다. 부부관계나 가족 간에도 불협화음이 일어날 수도 있습니다. 하지만 정말 주님을 사랑하고 성경 말씀대로 살려고 노력한다면 우리 생활에서 좋은 변화가 하나하나 나타나고, 기적 같은 일도 체험할 수 있습니다. 자신도 모르게 "하나님이 정말 살아계시는구나!" 하고 탄성이 터져 나올 때가 있을 것입니다. 이렇게 감사할 일이 어떤 사람에게는 조금 빨리 다가오고, 어떤 사람에게는 조금 늦게 찾아오기도 할 것입니다. 그러나 분명한 것은 주님을 바라보고 주님 중심으로 산다면 누구에게나 하나님의 은혜가 넘쳐날 것입니다.

친구들이나 친척들과 교제할 때 저를 부러워하는 사람들이 있습니다. 그들은 저에게 "하나님이 많은 복을 주셨군요"라고 말합니다. 제가 생각하기에도 하나님이 저에게 여러 가지 복을 허락하셨다고 생각합니다. 많은 복을 허락하지 않으셨어도 저는 하나님을 잘 섬기겠지만, 은혜를 많이 주셨으니 더 감사함으로 하나님께 나아가는 삶을 살게 됩니다.

이번 여름이 우리 모두에게 하나님을 더 깊이 알아가고 신앙이 크게 성장하는 계절이 되었으면 좋겠습니다. "너는 배우고 확신한 일에 거하라"(딤후 3:14)는 사도 바울의 말씀을 기억하며 열심히 배우고 기도하면 좋겠습니다. 우리의 열정이 넘치는 이 여름이 되기를 기대합니다.

서로의 죄를 회개하다

※
※※

　계속되는 무더위에 조금은 지치는 요즘입니다. 하나님의 자녀 된 성도는 가정에서나 직장에서 자신이 맡은 일에 충성해야 하지만, 건강에도 신경을 써야 합니다. 옆 나라 일본에서는 지난주에 큰 물난리로 200명 이상의 사망자가 발생하였습니다. 재해와 재난은 어느 나라에서든 누구에게든 나타날 수 있으므로 우리는 하나님과 사람 앞에 겸손해야 합니다. 그리고 하나님 앞에 죄를 짓지 않아야 하며, 만일 죄와 허물이 있다면 죄를 자복해야 합니다. 하나님은 사람들을 축복도 하시고 징계도 하시기 때문입니다.

저는 일본이 물난리를 겪기 바로 전 일본을 일주일간 다녀왔습니다. 여행하기 바로 전 주간에도 일본 오사카에 지진이 일어났지만, 계획된 일정이 있어 오사카를 포함하여 도쿄와 교토 등을 다녀보았습니다. 저와 일행이 일본에 간 이유는 일본의 신사를 돌아보기 위해서였습니다. 기독교인이 일본의 신사를 돌아본다는 것이 어울리지 않을지 모르지만 저희는 분명한 목적이 있었습니다.

저희가 일본을 돌아보며 알고 싶었던 것은 첫째, 왜 일본에는 8만 개가 넘는 신사가 있을까, 그리고 왜 기독교가 성장하지 못하는가 하는 점이었습니다. 일본의 기독교인 숫자는 국민의 1퍼센트로 100만 명에 불과합니다. 또 하나는 일본이 100여 년 전 대한민국을 강점하고 기독교를 핍박하고 신사를 참배하게 하였는데 그 이유가 무엇인지 실체를 보고 싶었기 때문입니다. 또 일본에는 우상숭배의 죄와 우리나라에 저지른 많은 죄가 있는데 그 죄를 우리가 다시 한 번 기억하고, 또 회개하지 않는 그들이 영적인 깨달음을 얻을 수 있도록 우리가 그들 대신 회개하고 기도하기 위해서였습니다. 사람이 죄를 지으면 양심의 가책을 느끼고, 미안한 마음을 가지며, 배상이든 보상이든 하는 것이 정상입니다. 그런데 비정상적인 사고와 행동을 할 때는 무엇인가 영적인 방해와 어둠의 세력에게 공격을 받는 것이 아닌가 하는 판단을 내렸고, 그래서 기도하기 위해서였습니다.

일제 강점기에 일본은 신사참배를 악랄하게 강요했고, 이것을 거부하는 교회와 성도를 핍박하였습니다. 그때 전국에 신사를 1,000여 개 이상 세워놓고 온 국민에게 참배를 강요했습니다. 당시 약 50여 명이 순교하고 수많은 사람이 옥고를 치렀습니다. 18곳의 학교가 폐교되었고, 교회도 200여 곳이 문을 닫았습니다. 이때 신사참배를 거부하는 교회와 성도가 있음에도 오히려 신사참배를 찬성하는 교회 지도자들이 있었다는 기록은 놀라운 것입니다. 대표적으로 조선예수교장로회가 1938년 제27회 총회에서 신사참배를 결의하였습니다. 그리고 신사참배를 거부한 목사들을 이단이라고 몰아붙였습니다. 이는 실로 놀라운 사건이고 미친 짓과 같은 것이라 생각합니다.

저는 지난 주간에 어느 목사님께 이런 이야기를 들었습니다. 몇 해 전 일본의 어느 목사님이 한국에 오셔서 과거 일본이 한국에 설치한 신사의 장소를 가르쳐주시고는 일본이 한국기독교를 핍박하고 신사참배를 강요한 것에 대해 회개한다는 말을 들었다는 것입니다. 자신의 나라가 지은 죄를 60-70년이 지난 자식이나 손자 때에라도 하나님과 사람 앞에서 회개하는 것은 아주 바람직한 행동이라 생각합니다. 개인이든 나라든 간에 누군가에게 피해를 주었다면 아무리 50년, 100년이 지났어도 사죄하는 것이 정상입니다.

시선을 이제 우리 안으로 돌려보겠습니다. 아버지와 할아버지가 어느 가정이나 가문에 피해를 주었다면 우리가 사죄해야 하지 않겠습니까. 우리 부모나 선조가 우상숭배와 같은 죄를 하나님께 범했다면 내가 회개해야 하지 않겠습니까. 죄는 누군가 회개해야 끝이 납니다. 나의 죄, 가문의 죄, 교회의 죄, 민족의 죄를 깊이 회개합시다. 우리의 회개는 아직도 충분하지 않습니다.

한 단계 한 단계

*
**

7월은 각급 학교가 학기를 마치고 휴식에 들어갑니다. 직장인도 길지는 않지만 휴가를 얻어 여행을 가거나 쉼의 시간을 갖습니다. 교회에서는 성도들의 영적 성장을 위하여 단기 학교를 개설하거나 수련회를 합니다. 물론 하루아침에 우리의 신앙이 성장하거나 하나님께 드린 기도가 응답되는 것은 아닙니다. 자기 자신이 지금 상당히 훌륭하다고 생각하는 성도가 있겠지만, 성경이나 지난 2천 년 간의 교회사를 살펴보면 아마 더욱 노력하고 성장해야겠다는 생각을 하게 될 것입니다. 기독교 안에는 정말 위대한 인물들이 여기저기 숨겨져 있습니다.

우리는 자신의 영적 성장을 위하여 부단히 노력해야 하고, 또한 그리스도 안에서 온전한 사람이 되기 위하여 서로 격려하고 한마음으로 협력해야 합니다. 만일 성도 가운데 뒤처지거나 약한 사람이 있으면 너나 할 것 없이 힘을 주고 기도해준다면 얼마나 멋지겠습니까. 그리고 영적으로 성장하여 속사람이 성숙하고 하나님의 능력을 강하게 받은 성도가 있다면 진심으로 축하해주어야 합니다. 진심으로 존경하며 우리도 그와 같이 되기 위하여 하루, 1년, 2년을 착실하게 준비하고 성실한 자세로 신앙생활을 해나가야 합니다. 우리는 주님을 만나는 순간까지 주님 나라를 위하여 오늘도 그리고 휴가 시간도 유익하게 보내야 합니다.

저는 며칠 전 제가 초등학교 1, 2학년을 다녔을 때 살았던 동네를 가게 되었습니다. 제가 놀던 골목, 교회 마당, 서낭당 등을 보니 그때가 생각납니다. 학교 수업을 마치고 집으로 돌아오는 길에 일주일에 한두 번 들렀던 만화 가게도 생각이 납니다. 1960년 전후에 그러니까 텔레비전이 없던 시대입니다. 그때 제가 좋아했던 만화가 있었습니다. 신동우 만화가가 그린 『홍길동』, 『날

쌘돌이』, 『차돌바위』입니다. 그 주인공들은 모두 탐관오리나 불의한 자들을 징벌하는 용감하고 정의로운 젊은이들이었습니다.

형과 저는 수업이 끝나면 만화 가게에서 만나기로 하고 함께 만화를 보았습니다. 그중 가장 생각이 나는 만화는 김경언 만화가의 작품으로 『칠성이 시리즈』가 있습니다. 칠성이라는 주인공은 6·25 전쟁 때 가장 졸병인 일등병부터 시작하였는데 공로를 많이 세워 진급을 빨리 합니다. 장교가 된 칠성이는 더 진급하여 장군까지 됩니다. 확실하지는 않지만 제 기억으로는 대통령까지 되었습니다. 저와 형은 흥미진진하여 다음 호가 언제 나오는지 기다리다가 발간되는 즉시 만화 가게로 달려갔고, 집에 와서는 주인공의 활약상을 서로 이야기하며 즐거워했습니다.

우리가 칠성이를 통해 배울 수 있는 것은 그가 하루아침에 장군이 되고 대통령이 된 것이 아니라 가장 낮은 밑바닥부터 차근차근 그리고 끊임없이 노력하고 충성하여 한 단계 한 단계 그리고 정정당당하게 높은 위치에 오르고 지도자가 되었다는 것입니다. 목사인 제가 성경 이야기는 하지 않고 무슨 만화 이야기를 하느냐고 하실지 모르지만 우리는 하나님이 창조하신 이 세상과 사회에서도 배울 것이 있다는 것을 알아야 합니다.

무더위가 기승을 부리는 이 시점에 우리는 피곤해지고 나태해질 수 있습니다. 그리고 하나님의 뜻을 이루기 위해 달려 나가면서도 좌절을 겪기도 합니다. 그러나 분명한 것은 성도들이 그리스도 안에서 영적으로 성숙하고 주님 나라를 위해 달려 나가는 마음과 자세는 결코 쉴 수 없다는 것입니다. 이번 여름 우리의 영적 성숙과 영적 싸움에 많은 열매가 있기를 바랍니다. 여름은 성숙의 계절입니다. 우리는 하나님의 사람입니다. 영적 성장을 위해 시간을 투자해야 합니다.

새로운 맛, 오래된 맛

*
**

휴가철이 되었습니다. 저도 수련회 등 교회 행사가 끝나면 휴가를 갑니다. 며칠 기도원에 들어가 기도도 하고 성경도 볼 계획을 세워놓았습니다. 또한 며칠은 저의 자녀들과 함께 여행을 가려고 합니다. 어디로 갈지 아직 확실하게 정하지는 않았지만 아마도 강원도 어느 바닷가로 가지 않을까 생각합니다.

10년이나 20년 전 같으면 저는 휴가 계획을 세우고 미리미리 준비했겠지만 이제는 자녀들이 장성했고 결혼한 자녀까지 있는 터라 모든 계획은 자녀들 몫입니다. 나이든 저와 한창 왕성한 활동을 할 나이인 제 자녀들은 여행에 있어서 차이가 나는 부분들이 있음을 느낍니다.

재작년쯤 자녀들과 전북 군산 방면으로 여름휴가를 갔습니다. 그런데 바닷가에 있는 시간보다 맛집을 찾아 여기저기를 다니는 시간이 더 많았습니다. 제 아들과 딸들이 모바일 검색을 하면서 여기가 맛이 있다더라, 저기가 오래된 집이라더라 하면서 우리 부부를 끌고 다녔습니다. 무더운 여름철 짬뽕 한 그릇을 먹으려고 허술한 뒷골목에서 10-20미터씩 줄을 서서 기다렸습니다. 그러고는 비좁은 식당에서 짬뽕 그릇 하나 앞에 놓고는 무슨 보약을 먹듯이 정성스레 먹었습니다. 그다음 날인가는 어느 빵집이 유명하다며 물어물어 찾아가서는 줄을 섰는데, 그 집을 찾는 손님들이 정말 많았습니다. 우리는 원하는 종류의 빵을 살 수 있었는데 무슨 값비싼 명품 옷을 산 듯이 기뻐했습니다.

저는 시장에 가서 물건 사는 것을 좋아하지 않습니다. 1년 동안 제가 돈을 내고 산 물건은 몇 개 되지 않습니다. 그러나 자녀들의 계획과 등쌀에 나이든 부모로서 양보할 수밖에 없습니다. 그 후로도 가족여행을 가게 되면 어느 지방에는 호두과자가 맛이 있네, 여기는 도넛이 맛이 있네 하면서 줄을 서서 사 먹는 가족의 모습이 한편으로는 먹을 것을 찾아다니는 세속적인 사람으로 보이고, 한편으로는 귀여워 보이기도 합니다.

저는 자녀들의 이러한 행동이 혹시 저의 잘못된 교육이나 행동으로 인한 부작용은 아닐까 하는 마음이 듭니다. 한편으로는 우리 사회의 심리가 어찌 보면 흔해 보이는 짬뽕 한 그릇이나 햄버거 한 조각도 정말 맛있게 만든 명품 음식을 먹고 싶어 하는 것 같은 생각이 듭니다. 그래서 명품이라고 평가받은 음식이나 상품들은 설립연도를 자랑스럽게 적극적으로 알리는 것이구나 하는 생각을 해보았습니다.

몇 년 동안 해마다 자녀들과 여행하면서 깨달은 점은 역시 소문난 식당이나 빵집에서 만든 음식이 고급스럽고 맛있다는 것입니다. 어떤 곳은 헛소문도 조금 있기는 하지만 역시 사람들의 평판을 무시할 수 없다는 생각을 했습니다. 저는 가족과 함께 여기저기 다니면서 음식을 먹고 품평회를 하면서 한 가지 더 깨달은 바가 있습니다. 대부분 음식점은 전통을 잘 보존하고 유지하면서도 새로운 음식을 만들려고 끊임없는 시도를 하고 있었다는 것입니다. 세월이 지나면서 사람들의 입맛도 변하고 까다로워지며 더 고급스러운 것을 원한다는 것을 알기 때문일 것입니다.

이번 여름 교회에서 기도하는 성도들을 위해 저는 에어컨을 틀어 본당을 시원하게 했습니다. 나라 전체가 최고 기온이 40도 가까이 올라가는 무더위 속에 있습니다. 그러니 본당을 시원하게 하면 기도하기 위해서 또 무더위를 이겨내기 위해서라도 성도들이 교회로 발걸음을 옮기지 않을까 생각했습니다. 요즈음 교회에서 성도들의 얼굴을 자주 볼 수 있어서 좋고, 또 교회 식당에서 점심이나 저녁 식사를 함께 먹을 수 있어서 정말 즐겁습니다. 저희 교회 성도들은 무조건 전기료를 아낀다는 생각은 환영하지 않습니다. 이 시대가 항상 더 좋은 것을 추구하듯 교회도 영적으로나 환경적으로 그리고 성도의 교제도 더 아름답게 발전해나가면 좋겠습니다. 교회도 좋은 교회가 있습니다. 무더운 여름, 휴가도 다녀오시고 믿음도 키우십시오. 우리는 전통을 지키면서도 이 시대가 요구하는 교회를 만들어갈 수 있습니다.

쉼을 얻기 위해

*
**

정말 날씨가 무덥습니다. 요사이 우리가 서로 주고받는 인사는 무더위에 어떻게 지내는지, 에어컨은 틀고 주무시는지 등의 내용이 대부분입니다. 교회 여름 행사를 다 마친 저는 며칠 휴식을 취하려고 합니다. 이번 주 며칠 동안은 기도원에서 보낼 예정입니다. 제가 자주 가는 기도원은 40여 년 전 저의 아버지가 출입하시던 기도원입니다. 그때 아버지는 기도원에서 장기금식을 하시면서 하나님과 깊은 교제를 나누셨습니다. 장기금식 하시는 아버지를 만나기 위해 당시 20대였던 저는 처음 그 기도원을 방문하게 되었는데 40여 년이 지난 지금도 기회만 되면 그곳을 찾아갑니다. 지난봄에도 책을 쓰기 위해 찾아가 유익한 시간을 보냈습니다.

제가 사랑하는 그 기도원은 50년도 더 된 곳이고 건축을 할 수 없는 그린벨트(개발제한구역) 지역에 있어서 재건축이 안 되기에 본당과 숙소 시설이 낙후합니다. 불편한 점이 있기는 하지만 40년을 찾아온 곳이라 제 마음의 고향과도 같은 곳입니다. 저는 이곳에서 쉬기도 하고 성경도 읽고 무엇보다 기도하면서 하나님과 교제하는 시간을 가지려고 합니다. 부수적으로 이곳에서의 추억도 되살려보려고 합니다.

저는 기도원 숙소에서 많은 시간을 보내는데, 가끔 기도원 안을 거닐다 보면 많은 사람이 기도하기 위해 예배당에 드나드는 것을 보게 됩니다. 목사로서 그런 모습을 보면 마음이 흐뭇합니다. 성도들이 하나님께 나아가 기도한다는 것은 그 기도의 목적과 내용이 무엇이든지 간에 칭찬할 만하며 소중한 것이라 생각합니다. 그리고 한국교회가 기도하는 교회이므로 하나님이 계속 은혜를 주신다고 생각합니다.

함께 예배를 드리거나 여기저기 거닐다 보면 동역자도 만나고 친구들도 만납니다. 어느 때는 반가운 사람도 만나고, 어느 때는 만나기 거북한 사람도 만나지만 기도하는 곳이기에 반갑게 인사를 합니다.

한번은 제가 스무 살 젊은 시절에 유초등부 교사로 봉사했을 때 저희 부서 부장이셨던 집사님을 만났습니다. 30여 년 만에 만났으니 얼마나 반가웠는지 모릅니다. 집사님은 저를 귀히 보시고 식사도 대접해주셨고, 밖에 나가서 차도 마시며 교제하는 시간을 가졌습니다. 알고 보니 집사님은 사업장에 가시는 길에 기도원에 들러 하나님과 교제하러 오신 것이었습니다. 이렇게 믿음이 좋은 성도와 한 교회에서 신앙생활을 했었다는 것이 무척이나 자랑스럽고 감동적이었습니다. 우리는 이렇게 예상하지 못한 장소에서 추억 속의 사람을 만나기도 합니다.

몇 년 전인가 동해의 한 휴양지로 휴가를 갔다가 어느 목사님 부부를 만났습니다. 우리 일행과 잠깐 조우하셨는데 그 사모님의 낯이 익었습니다. 가만히 생각해보니 제가 가르쳤던 청년이었습니다. 결혼하여 자녀도 낳고 목사의 사모로서 헌신의 삶을 살고 있었던 것입니다. 인사를 나누지는 못했지만 마음이 기뻤습니다.

작년에는 종교개혁 500주년을 맞이해서 루터의 나라인 독일을 방문하였는데 그곳에서도 몇 년 동안 관계가 끊어졌던 옛 친구를 만났습니다. 저도 이제 제법 오래 살아서인지 어디를 가나 아는 분들을 만나게 되어 조금 조심스럽게 행동해야겠다는 생각이 저절로 들었습니다.

성도들은 자신이 살고 있는 지역에서든지 아니면 여행지에서든지 항상 행동을 조심하고 덕을 끼치는 삶을 살아야 합니다. 하나님이 우리를 보고 계시고 성도들도 우리를 지켜보고 있기 때문입니다. 혹시라도 덕스럽지 못한 장소에서 성도들끼리 만나게 된다면 우리 모두 부끄러울 수밖에 없습니다. 기도원이든 휴가지든 또는 외국이든 그곳도 하나님의 나라입니다. 어디에서든지 성도의 멋진 모습을 보이며 삽시다. 멋진 신앙생활로 무더위도 날려 보냅시다. 그리고 유익한 여름으로 만듭시다.

죽은 나무

*
**

 저는 지난 며칠간 산속에서 홀로 지내며 휴가를 보냈습니다. 오랜만에 정말 좋은 시간을 보냈습니다. 늘 이렇게 살 수는 없지만 일 년에 한두 번 이런 기회가 주어지는 것은 감사할 일이고, 어찌 보면 호사를 누리는 것이라고도 할 수 있습니다. 저는 한 해의 반을 분주하게 보낸 데다 요즈음 기승을 부리는 폭염으로 인해 심신이 피곤해 있었습니다. 자동차 소리나 텔레비전 소리, 왁자지껄하는 사람들의 소리가 들리지 않아 좋았고, 이름 모를 벌레들과 새들의 울음소리가 있어서 좋습니다.

이 세상 만물은 하나님이 창조하신 원리에 따라 분주히 살아가고 있습니다. 그중 우리 인간도 수많은 만물 중 하나입니다. 그리고 우리는 영광스러운 사람입니다. 사람으로 사는 것, 특히 하나님의 사람으로 사는 것이 너무 좋습니다. 살아간다는 것은 그 자체가 소중한 것이고, 창조 원리에 순응해나가는 것입니다. 살아있는 생명체들은 서로를 존중히 여기고 살피며 살아가야 할 것입니다.

저는 휴식을 취하기 위해 산속에 들어왔는데 주차하고 차에서 내려 보니 죽은 나무 하나가 눈에 들어왔습니다. 족히 50년은 넘은 것 같은 오래된 나무로, 제가 이곳을 드나들며 여러 해 봐왔던 정겨운 나무였습니다. 그런데 새파란 잎사귀 하나 없이 시커먼 모습을 하고 서 있었습니다. 심상치가 않았습니다. 가만히 살펴보니 키도 크고 옆으로도 잘 뻗어 나갔던 나무를 정원을 조성하면서 가지를 잘라낸 것이었습니다. 위로도 자르고 옆으로 뻗은 것도 잘라냈습니다. 나무가 큰 편이라 가지치기를 한 것뿐인데도 통나무를 잘라낸 듯한 모양이었습니다. 원래 나무는 가지를 잘라도 봄이 되면 다시 싹이 나고 가지도 자라나 생명을 이어가는 것이 정상입니다. 그런데 어찌 된 일인지 잘 가꾸고 모양을 만들기 위해 가지를 잘라낸 것으로 보이는 나무가 죽어버린 것입니다.

정확히는 모르겠지만 제가 생각하기로는 가지치기를 너무 많이 해 잎이 피어도 나무를 지탱할 만한 빛이나 영양분을 조달하지 못해 죽은 것이 아닌가 여겨집니다. 다른 이유로는 겨울이나 봄이 시작될 때 가지치기를 해야 하는데 잎이 무성할 때 자른 것은 아닌가 하는 생각도 듭니다. 어쩌면 다른 이유가 있을지도 모릅니다. 안타까운 것은 죽은 나무 주변에는 그 나무와 같은 종류의 나무가 많고, 또한 비슷한 수준으로 가지치기를 한 것처럼 보이는데 그 나무들은 죽지 않고 잎이 무성한 채로 보기 좋은 경관을 만들고 있다는 것입니다.

어떤 나무는 멋진 모습으로, 어떤 나무는 죽은 채 서 있는 것을 보니 마음이 더 아팠습니다. 사실 그 나무가 멋진 모습으로 주변과 잘 어울리고, 사람들에게도 기쁨을 주기를 바라는 마음으로 가지치기를 했을 것입니다. 하지만 결론적으로 좋게 해주려는 의도로 한 일이 나무를 죽인 것입니다.

저는 제가 나무를 죽인 것이 아닌데도 신경이 쓰였습니다. 그리고 지난날 그 나무를 죽이듯 누군가에게 잘못된 행동을 하지는 않았는지 생각해보니 섬뜩한 마음이 들었습니다. 저는 고등학교를 졸업하고 신학교에 들어가 지금까지 40년 이상 교회에서 가르치는 일을 하며 살아왔습니다. 저 나름대로 성경을 알고 진리를 안다고 생각하며 수없이 설교하고 가르친 것입니다. 어느 때는 성도들을 책망도 하고, 어느 때는 무섭게도 하며, 심한 경우 공동체에서 내보내기도 했습니다. 그러한 모든 행동이 저 나름대로는 잘 가르치려고 한 일이었지만, 결국은 멀쩡한 나무를 죽인 것처럼 그 성도들의 영혼에 상처를 내고, 혹시 죽인 것은 아닌지 자책하게 되었습니다. 과연 제가 성도를 죽인 일이 없을까 생각해보면 자신 있게 아니라고 말할 수 없을 것 같습니다.

칼이나 톱, 망치를 함부로 휘두르면 사람을 해할 수 있습니다. 그것처럼 우리는 말이나 교훈이 살해 도구가 될 수 있음을 알아야 합니다. 가정에서나 직장에서 또는 교회에서 날카로운 권고나 가르침을 하지는 않았는지 살펴야 합니다. 사랑이라는 미명 아래 성도를 재단하다가 죽이는 일이 있을 수 있기 때문입니다. 성도를 귀히 여깁시다.

소박한 삶

*
* *

우리는 지금 폭염의 시절을 보내고 있습니다. 예전에 한 번도 경험해보지 못한 엄청난 더위입니다. 그래도 요 며칠 아침저녁으로 선선한 바람이 불어서 조금은 숨통이 트이는 듯합니다. 이 세상에서 사는 우리 삶은 경제적으로나 정치적으로 안정되기가 쉽지 않습니다. 그런데 이제는 기후까지도 우리 삶을 위협하는 상황이 되었습니다. 이 세상에서 사는 사람의 인생이 그 길이로 보면 잠깐인데도 수많은 사건과 사고를 겪습니다. 야곱의 말처럼 험악한 세월을 보내는 것입니다(창 47:9).

사도 바울은 수많은 시련과 환란을 겪고도 무사히 모든 과정을 통과했습니다. 만일 바울이 오늘날 우리 옆에서 같이 살아간다면 어떤 태도를 취할지 생각해봅니다. 사도 바울은 주를 위해 살면서 수고를 넘치도록 하고, 옥에 갇히며, 매도 수도 없이 맞았습니다. 유대인들에게 40에 하나를 감한 매를 다섯 번이나 맞았습니다. 또 태장으로 맞고, 돌로 한 번 맞고, 세 번 파선하고, 일주야를 깊은 바다에서 지냈으며, 여러 번 여행하면서 강의 위험, 강도의 위험, 동족의 위험, 이방인의 위험, 시내의 위험, 광야의 위험, 바다의 위험, 거짓 형제의 위험을 당했습니다. 또 수고하고 애쓰고 여러 번 자지 못했고, 주리고 목마르며 여러 번 굶고 춥고 헐벗었다고 했습니다(고후 11:23-27). 그런데 바울은 언제나 주님을 의지했고, 누구를 원망하거나 환경을 불평하지 않았으며, 위험과 고통과 시련을 이겨냈습니다.

바울이 이렇게 승리의 삶을 살 수 있었던 비결은 하나님이 살아계심을 진정으로 믿었기 때문이고, 예수 그리스도가 자신과 함께하시는 것을 믿었기 때문입니다. 또 실제로 주님이 바울에게 찾아오시고, 이길 힘과 능력을 주셨기 때문입니다. 생각해보면 우리가 믿는 하나님도 바울이 믿는 하나님입니다. 우리도 바울이 체험한 하나님 나라를 체험하고, 그 깊은 은혜를 체험하기를 소원합니다. 또한 사도 바울과 같이 사람들의 공격이나, 경제적인 어려움, 환경의 어려움을 이겨내야 마땅합니다.

얼마 전 박원순 서울시장이 옥탑방을 체험한다는 뉴스가 매스컴에 보도되었습니다. 이것을 좋게 보는 사람도 있고 비난 섞인 말을 하는 사람도 있지만, 저는 어쨌든 시장이 시민들의 삶을, 그것도 힘들게 살아가는 이들의 삶을 경험해본다는 것은 의미 있는 일이라고 생각합니다. 서민들 그리고 하위 계층의 사람들에게는 가난하고 열악한 환경이 일상이 되었지만, 여유 있는 사람들이 스스로 그 열악한 환경으로 찾아가지 않으면 경험할 수 없는 삶이기 때문입니다. 우리는 이 세상에서 살면서 가난하고 약하며 병들고 신음하는 사람들을 기억하고 항상 도우려는 열린 마음을 가져야 합니다. 사회적 약자의 편을 들어주고 이해하기 위해서는 그들의 환경에 들어가 지내보는 것이 필요합니다.

헨리 나우웬은 우리나라 개신교 신자들이 좋아하는 인물 중 한 명입니다. 그는 로마 가톨릭 소속인 예수회 사제로서 예일 대학교와 하버드 대학교 교수였는데 스스로 사랑의 빚진 자로 여기고 페루 빈민가로 가 그분들을 섬겼고, 하늘나라에 가기 전 10

년간 캐나다에 있는 발달장애인 공동체에서 그리스도를 따르는 삶을 실천하였습니다. 그는 가톨릭 사제로서 우리와 다른 신학을 가지고 있지만, 그가 보인 실천적 삶은 귀한 것입니다.

저는 이번 여름휴가를 조용한 기도원에서 보냈습니다. 작은 방 하나를 얻어 기도도 하고 성경도 보면서 홀로 닷새를 보냈습니다. 에어컨이 없어서 창문을 열어놓았는데, 태양이 뿜어내는 뜨거운 열기와 방충망 사이로 들어오는 이름 모를 조그만 벌레들로 고충이 말이 아니었습니다. 두세 가지 반찬이 전부인 소박한 식사를 겸손한 마음으로 받아들고 밥 한 톨 남기지 않고 깨끗이 먹었습니다. 모든 면에서 불편했지만 노숙자보다는 낫다는 마음으로 하루하루를 보냈습니다. 우리는 하나님의 도우심으로 이 세상 어떤 어려움도 이길 수 있습니다. 이번 여름을 감사함으로 보냅시다. 사도 바울처럼 주님께 칭찬 듣는 자가 됩시다.

친구

*
**

어느덧 8월이 지나가고 이제 9월이 오고 있습니다. 무더위로 지친 몸과 마음에 잠시 휴식을 취하였지만 분주한 일정이 우리를 기다리고 있습니다. 우리가 쉬는 것은 더 열심히 일하기 위해서입니다. 물론 잘 쉬기 위해 일한다는 사람도 있지만 그다지 귀를 기울일 말은 아닙니다. 9월 일정을 살펴보니 그동안 가까이 지내면서 주의 일도 같이 하고 희로애락도 나누었던 분들과 또다시 함께하는 일정이 많았습니다.

저는 나이 차이를 떠나 그동안 여러 일을 함께한 친구들을 다시 한 번 생각해봅니다. 성경에는 친구라는 말이 많이 나옵니다. 주님도 제자들에게 "너희가 나의 명하는 대로 행하면 곧 나의 친구라"고 하셨습니다. 그리고 "사람이 친구를 위하여 자기 목숨을 버리면 이에서 더 큰 사랑이 없다"고 하셨습니다. 곧 친구는 서로의 말을 존중하고 목숨까지도 바칠 수 있는 사람들이라는 것입니다. 그만큼 귀한 관계입니다.

욥에게도 세 명의 친구가 있었습니다. 엘리바스와 빌닷과 소발입니다. 그들은 욥이 고난을 당하자 찾아와 많은 대화를 나누었는데, 물질로나 마음으로나 별 도움을 주지 못하고 떠났습니다. 참 아쉬운 친구들입니다.

이에 비해 다윗에게는 도움을 주는 사람들이 많았고 친구라고 할 사람도 많았습니다. 그중 사울 왕의 맏아들인 요나단이 있었습니다. 그는 신앙심이 있고 용감한 사람이었습니다. 그는 다윗이 골리앗을 죽이고 돌아오자 진심으로 기뻐하며 다윗을 "자기 생명처럼 사랑하였으며", 다윗과 친구의 언약을 맺었습니다. 요나단은 아버지 사울 왕이 다윗을 죽이려고 할 때 아버지와 중재도 하고 나중에는 다윗이 도망칠 수 있게 도왔습니다. 그리고 자신이 왕이 될 수 있었는데도 다윗에게 양보하였습니다(삼상 23장). 다윗도 요나단을 사랑했습니다. 사울 왕과 요나단이 전사하자 그들을 안장해주었습니다. 그리고 애가를 불렀습니다.

다윗에게는 후새라는 친구도 있었습니다. 다윗의 아들 압살롬이 반역을 일으키자 후새는 압살롬의 조언자로 가장하여 압살롬이 아히도벨의 충고를 따르지 않도록 설득하였습니다. 그는 다윗 왕이 죽지 않고 예루살렘으로 돌아올 수 있도록 돕는 역할을 하였습니다. 후새가 목숨을 걸고 다윗을 돕지 않았다면 다윗은 압살롬의 손에 죽었을 것입니다.

다윗에게는 또 다른 친구가 있었는데 두로 왕 히람입니다. 그는 다윗 성을 건축할 때 기능공과 원자재를 공급해주었습니다(삼하 5:11). 다윗의 필요를 채워준 큰 공로를 세운 것입니다.

친구에 대한 이들의 사랑이 더 아름다운 것은 그 사랑이 자녀들에게까지 이어졌기 때문입니다. 다윗은 요나단을 사랑했기에 요나단이 죽은 후 그의 유일한 독자 므비보셋을 가까이 두고 사울 왕이 소유했던 모든 재산을 다 돌려주었습니다. 압살롬의 반역을 막았던 후새도 그의 아들이 솔로몬 왕에게 충성을 다하여 대를 이어 신의를 지켰습니다. 두로 왕 히람도 다윗 이후 솔로몬 때에도 성전 건축에 필요한 재료를 공급해주었습니다. 이들 모두 대를 이어 친구 사이가 된 것입니다.

친구는 정말 좋은 것입니다. 언제 만나도 반갑습니다. 서로의 단점을 덮어주기도 하지만 언제든지 바른 충고도 합니다. 가끔 핀잔을 주어도 오해하지 않으며, 좋은 것을 함께합니다. 친구가 잘될 때 박수를 칠 수 있고, 친구 때문에 어느 정도 손해도 각오합니다. 그리고 비가 올 때든지 좋은 일이 있을 때든지 간에 언제든 만나서 차도 마시고 식사도 하고 싶어집니다. 그리고 그런 관계는 죽는 순간까지 이어집니다. 설령 한쪽이 먼저 세상을 떠난다고 할지라도 남은 친구는 여전히 다른 친구를 그리워합니다.

만일 살아가는 목표가 같다면 더없이 좋은 친구이고, 만일 함께 예수 그리스도를 주로 고백한다면 최고의 친구일 것입니다. 9월에 여러 행사를 준비하면서 다시 한 번 친구의 소중함을 깨닫습니다. 우리가 지금까지 친구와 함께한 10년, 20년 세월은 결코 헛되지 않을 것입니다. 친구를 소중히 여깁시다. 그리고 우리의 가장 좋은 친구는 예수 그리스도이십니다. 친구에게 가까이 나아가십시오.

갈증

*
**

　무더운 날씨가 한풀 꺾인 것 같은데도 폭염은 그 기세가 사그라질 줄 모릅니다. 많은 사람이 무더위를 피해 강으로, 바다로, 산으로 가 지친 몸과 마음에 쉼을 얻고 있습니다. 또 한편으로는 무더위 속에서도 참고 견디며 지내는 사람들도 있습니다. 물론 멀리 떠나서 쉼을 얻고 싶어도 시간적 여유가 없거나 휴가 비용 등 물질적인 부분에 부담이 되어 쉽게 떠나지 못하는 경우도 많습니다. 조금 특별한 경우는 주변 사람들이 휴가를 떠나는 것을 아랑곳하지 않고 무더위에 짜증이 나는데도 여행을 떠나 쉬어야겠다는 의욕이나 갈급함이 없는 사람들입니다. 나쁘게 말하면 의욕이나 감정이 메마른 것일 수 있고, 긍정적으로 말하면 참고 인내하며 환경에 잘 적응하는 사람이라고 칭찬할 수도 있습니다. 사람이 자연 속으로 들어가거나 휴가를 떠나지 않아도 스스로 쉼을 얻고 환경에 잘 적응한다면 대단한 일입니다.

자신이 지금 영혼과 육체가 상하고 병들어 있는데도 전혀 눈치 채지 못하고 있다면 이는 가슴 아픈 일입니다. 영적, 육체적으로 다시 감각을 살려야 합니다. 영혼과 육체의 쉼은 우리로 하여금 더 건강한 삶을 살게 하고, 생명을 유지하고 이어가는 데 대단히 중요한 역할을 합니다.

저는 지난 주간에 가족여행을 다녀왔습니다. 쉼을 얻기 위해 몇 시간을 운전해 산속으로 들어갔습니다. 저는 산속에 지어진 휴양시설과 놀이시설을 보고 놀랐습니다. 외부에서 보면 그냥 산이라고 생각할 수 있지만 막상 안으로 들어서니 여러 건축물이 들어서 있었습니다. 그래서 사람들이 먼 거리를 마다하지 않고 찾아오는 것입니다. 저의 영혼과 육체가 도움을 얻고 쉼을 얻는다면 어딘들 찾아가지 않겠습니까. 자신의 삶을 더 윤택하게 하고 행복하게 만들기 위해 노력한다는 것은 인간의 권리이고, 반드시 그렇게 해야 합니다.

이스라엘에 예루살렘이 있습니다. 그곳은 기독교와 유대교의 성지입니다. 게다가 이슬람까지도 성지로 여기는 곳이어서 많은 사람이 가고 싶어 하는 장소입니다. 예루살렘은 해발 700미터가 넘는 고지대로, 그곳에 가려면 사막과 황량한 광야 등을 지나야 합니다. 그런 과정을 겪어야 비로소 성전과 성경에 나오는 여러 유적지를 돌아볼 수 있습니다. 그리고 다른 어떤 곳에서도 얻을 수 없는 영적인 은혜와 감동을 받습니다. 아마 그곳을 방문하는 성도라면 누구나 시원한 물 한 그릇을 들이마신 듯한 시원함을 느낄 것입니다.

미국 네바다주에 있는 라스베이거스는 유흥의 도시이며 도박이 허용된 곳입니다. 사막 한가운데에 거대한 도시를 건설한 인간의 위대함을 볼 수 있는 곳이기도 합니다. 그곳에 가려면 역시 드넓은 사막을 지나야 합니다. 사람들이 그곳을 찾는 목적과 이유는 저마다 다르겠지만 각자의 위로와 만족을 위해 갈 것입니다.

텔레비전에서 자연과 야생 동물을 취재한 다큐멘터리 프로그램을 본 적이 있을 것입니다. 우리는 그 프로그램에서 얼룩말이나 가젤이나 누 등이 물을 찾아 황량한 사막과 광야를 무리지어 가는 장면을 볼 수 있습니다. 그들은 그만큼 물을 얻겠다는 갈증과 갈급함이 있는 것입니다. 사실 갈급함은 생명체의 본능이고 그것이 정상이며, 그래야 생명을 유지할 수 있는 것입니다. 그런데 요즘 우리 사회를 보면 영적인 갈급함이나 갈증을 느끼는 사람이 많지 않아 보입니다. 반면 먹는 것에 대한 갈증, 놀이에 대한 갈증 그리고 재물에 대한 갈증은 폭증한 듯 보입니다.

우리가 진정으로 사람답게 살기 위해서는 하나님을 만나야 하고 그분이 주시는 생명의 물을 마셔야 합니다. 우리에게는 오늘 어떤 갈급함이 있습니까. 주님을 간절히 바라십시오. 주님은 생명의 근원이십니다. 생명을 살리는 예수 그리스도를 만나는 여행을 하십시오.

가이드

*
**

 여름 내내 기승을 부리던 무더위가 드디어 우리에게서 서서히 물러가고 있습니다. 섭씨 40도 가까이 되는 더위가 9월에는 없으리라고 생각됩니다. 대한민국에서 살아가는 모든 이가 이번 여름 폭염으로 많이 고생하였습니다.

 제가 지금까지 더위 때문에 가장 크게 고생한 것은 군대에 있을 때였습니다. 한여름에 완전군장을 하고 80킬로미터가 넘는 거리를 행군했기 때문입니다. 아침부터 저녁 해가 질 때까지 무더위 속에서 걸었으니 온몸은 땀으로 흠뻑 젖었고 다리는 천근만근이었습니다. 그때 건장한 체격의 동기 한 명이 행군 도중 쓰러져 응급차에 실려 갔습니다. 그와 함께 걷고 있던 저는 친구의 철모를 벗기고 군장을 풀어주고 응급조치를 해주었습니다. 인간의 한계를 시험하듯 했던 그 훈련은 지금도 잊을 수가 없습니다. 그래도 저희 부대의 지휘관이 함께 행군하며 독려하고 위로해주어 훈련을 잘 마칠 수 있었습니다.

그 행군에서 생각나는 장면이 하나 있습니다. 저희가 열을 지어 비포장도로 옆을 행군하고 있는데 어느 부대인지는 모르지만 군부대 차량들이 우리 옆을 지나갔습니다. 그 바람에 눈을 제대로 뜰 수 없을 정도로 흙먼지가 심하게 날려 우리는 먼지를 완전히 뒤집어썼습니다. 그러자 고급 장교이셨던 분이 권총을 빼 들고 차량운전병들에게 천천히 운전하라고 명령했습니다. 차가 천천히 달리면 아무래도 흙먼지가 덜 날리기 때문에 고통을 훨씬 줄일 수 있기 때문입니다. 우리는 아무 힘이 없는 병사였기에 그런 고통에 대처할 방법이 없었는데 훌륭한 지휘관을 만난 덕을 보았습니다. 어떤 지휘관을 만나고 어떤 가이드, 즉 길 안내자를 만나느냐에 따라 복된 길을 가기도 하고, 반대로 망하고 죽는 길로 갈 수도 있습니다.

제가 무더위로 고생한 이야기를 하나 더 하겠습니다. 한번은 어느 지방에 내려갔다가 일을 마친 후 읍내 버스터미널에서 버스를 타고 서울로 올라오려는 길이었습니다. 그때 아내와 아이도 동행하고 있었는데, 처음 가본 동네여서 터미널까지 얼마나 가야 하는지 알지 못했습니다. 한여름에 비포장도로인 시골길을 걷는 것은 큰 고역이었습니다. 길에서 만난 동네 분에게 얼마나 더 가야 터미널에 도착하느냐고 물었습니다. 그분이 "조금만 가면 돼요"라고 하셔서 희망을 품고 걷는데 도대체 터미널이 나타나지 않았습니다. 그래서 길을 가던 다른 분에게 다시 물었더니 돌아온 대답이 "조금만 가면 돼요"였습니다. 그때 저는 한 200-300미터 정도 걷고 물었던 것으로 생각됩니다. 저는 그렇게 "조금만 가면 된다"는 희망의 말을 다섯 번 정도 들었고, 또 다섯 번 정도 "왜 조금만 가면 된다더니 길이 이렇게 먼 거야?" 하며 죄 없는 안내자들을 원망했습니다. 저에게 길을 안내하신 분들의 잘못인지, 조그마한 고생도 이기지 못하는 저의 잘못인지 확실하지는 않지만, 저로서는 1킬로미터든 2킬로미터든 정확하게 거리를 알려주었다면 공연히 마음고생도 하지 않고, 헛된 희망도 품지 않았으리라고 생각했습니다. 정확한 정보를 가지고 인도해야 훌륭한 지도자입니다.

제가 한번은 강원도 어느 산골에 간 적이 있는데 수십 마리의 양들이 떼를 지어 우리로 들어가고 있었습니다. 유심히 살펴보니 사람이 양 떼를 인도하는 것이 아니라 개 한 마리가 양들 앞에서 인도하고 있었습니다. 양몰이 개였던 것입니다. 개가 양 수십 마리를 편히 쉴 수 있는 우리로 인도하고 있었습니다.

오늘날 교회의 직분자들이나 지도자들은 우리에게 맡겨진 영혼을 바로 인도하여야 할 사명이 있습니다. 저는 황당한 일을 겪은 적이 있습니다. 내비게이션에 주소를 입력하고 고속도로를 달리고 있는데 갑자기 내비게이션에서 "목적지 부근에 도달하였습니다. 안내를 종료합니다"라고 하고는 더 이상 길을 안내하지 않는 것이었습니다. 세상에서 가장 황당한 소리가 아닐까 생각되었습니다. 우리는 훌륭한 길 안내자가 되어야 합니다. 그리고 주님은 우리 인생의 안내자이십니다.

물건 오래 쓰기

*
**

　추석이 가까이 다가왔습니다. 보통 추석에는 서로 좋은 관계를 맺고 지내는 사람끼리 선물을 주고받기도 합니다. 저도 몇 분에게서 추석 선물을 받았습니다. 저는 선물을 받으면 제일 신경 쓰이는 부분이 혹시 과대 포장된 선물이 아닌가 하는 것입니다. 선물로 받은 물건에서 포장을 하나하나 벗겨 내다보면 나중에는 조그만 물건 몇 개만 남을 때가 종종 있기 때문입니다. 저는 무수히 벗겨낸 포장들을 보면서 과연 이 포장이 꼭 필요한 것인가, 아니면 물건이 정말 너무나 소중해서 여러 번 싸고 또 싸야 할 수밖에 없었던 것인가, 그렇게 소중하게 싸야 하는 것이 맞는데 공연히 나 혼자 옳으니 그르니 하는 것은 아닌가 하는 많은 생각을 합니다. 이 글을 쓰는 순간에도 제 옆에 놓여 있는 선물을 보면서 과연 몇 번을 벗겨내야 그 물건을 만질 수 있고, 또 음식이라면 몇 번의 포장을 뜯어야 내 입으로 들어갈 수 있을까 생각하면서 포장을 뜯기가 망설여집니다.

정말 아깝게 생각되는 것은 포장지로 쓰인 종이나 플라스틱 그리고 비닐 등입니다. 그것들이 너무 값어치 없이 버려지고 사라지는 것이 안타깝습니다. 우리는 사람도 귀하게 여겨야 하고, 모든 자연도 그리고 사람이 생산해낸 모든 물건도 소중히 여기고 오래 보존하며 관리해야 한다고 생각합니다. 아무리 귀한 것도 버려지면 쓰레기요 천덕꾸러기가 됩니다. 상품을 제조하는 분들은 정말 많이 생각해야 할 것입니다. 우리는 잘못하면 이 땅과 지구를 오염시키는 주범이 될 수 있습니다. 또한 우리 후손들에게 원망의 소리를 들을 수 있습니다.

성도들은 하나님이 창조하신 이 땅을 소중히 여기고 모든 자원을 아끼며, 검소하게 절제하며 살아야 합니다. 한 번 구매한 물건은 가능한 한 오래 사용해야 하며, 재사용할 수 있는 것을 점점 늘려가야 합니다. 저는 운전을 한 지 30년이 되었습니다. 목회를 하고 가정이 있으므로 자동차는 꼭 필요한 운행수단입니다. 저는 개인 차량이든 교회 차량이든 차를 살 때 신차를 사기도 하고 중고차를 사기도 합니다. 그리고 그렇게 산 차는 폐차할 때까지 탑니다. 간혹 가족이나 성도들이 새 차를 사드릴 테니 지금 타고 다니는 차는 팔라고 하는 경우도 있었습니다. 하지만 저는 한번 산 것은 아무리 불편하고 유행이 지났다 할지라도 물건의 수명이 다할 때까지 사용하고 싶습니다.

저는 핸드폰은 액정 기능이 다할 때까지 사용했고, 텔레비전도 화면이 뜨지 않을 때까지 10년 넘게 사용했습니다. 지금 타고 다니는 승용차도 10년 된 차인데 수명이 3-4년 정도 남았는지 모르지만, 그때까지 갈고 닦고 고치며 타고 다닐 것입니다.

저는 설교 준비를 할 때 종이에 펜으로 쓰는데 종이는 사무실에서 한 번 썼던 이면지를 사용합니다. 혹시라도 종잇값이 얼마나 한다고 그러느냐 할지 모르지만, 이면지를 사용해야 종이에게 미안하지 않을 것 같습니다. 저는 옷장에 양복이 여러 벌 있습니다. 그중 절반은 15년 정도 되었습니다. 저는 유행과 관계없이 옷이 다 해어져 입을 수 없을 때까지 입을 예정입니다. 만일 그 옷들을 버리게 된다면 귀한 것이 하루아침에 쓰레기가 되는 것인데 얼마나 슬픈 일입니까.

친구도 옛 친구가 좋습니다. 저는 지난 주간에 출판기념회를 하였는데 30-40년 이상 된 친구들을 초청하였고, 그 친구 목사님들이 순서를 맡아주었습니다. 찬송도 어렸을 때 부르던 것이 더 은혜가 됩니다. 옛날 함께 신앙 생활하던 성도들도 그립습니다. 나이 드신 분들도 귀합니다. 참, 하나님도 가장 오래전부터 계신 분입니다. 오래된 것을 귀하게 여깁시다.

훈련이 필요하다

**

   추석 명절이 되었습니다. 명절을 쇠러 온 가족이 오랜만에 한자리에 모이게 됩니다. 오랜만에 혈육을 만난다는 것은 크나큰 즐거움입니다. 어른들은 어린아이에게 선물을 주기도 하는데 유아들이 좋아하는 선물은 아마도 장난감일 것입니다. 대개 남자아이들은 자동차나 장난감 칼이나 스포츠용품을 좋아하고, 여자아이들은 인형이나 옷 등을 좋아합니다. 아빠, 엄마 놀이를 하면서 아이를 키우는 놀이를 좋아하는 것 같습니다.

   아이들이 소꿉장난하는 것은 헛되게 시간을 낭비하는 것이 아니고 앞으로 인생을 살아갈 때 어떤 모습으로 살아야 하는지 연습하는 시간일 것입니다. 동물의 세계를 보면 야생동물의 새끼들은 서로 물고 뜯고 쉴 새 없이 장난을 치는데 이것은 장차 사냥할 때 꼭 필요한 행동들을 배우는 것이고, 자신을 보호하는 힘과 기술을 배우는 것입니다. 저는 어린아이들이 장난감 자동차를 손으로 움직이면서 과속하지 않고 신호를 지키는 것을 배우고, 난폭운전을 하다가는 차가 뒤집히고 자신과 이웃의 생명에 위협이 된다는 것을 배우면 좋겠습니다.

놀이를 통한 교육은 독서보다 못한 것이 아닙니다. 또한 조그만 축구공을 발로 차거나 장난감 플라스틱 야구 방망이를 휘두르는 것도 실상 운동신경을 발달하게 하는 것이며, 장차 스포츠에 흥미를 느껴 그 방면에서 훌륭한 스포츠맨이 될지 모릅니다. 최소한 스포츠에 관심을 갖게 되어 미래에 '보는 스포츠맨'인 관중이 될 수도 있습니다. 장난감 기타, 장난감 피아노 등도 다 이런 맥락에서 소중한 미래를 준비하는 연습도구가 될 것입니다. 유년 시절에 소꿉장난을 비롯한 여러 경험과 여러 이야깃거리는 아이가 성인으로 자라갈 때 마음과 행동에 커다란 양식이 될 것입니다.

아이가 영향을 받는 것이 또 있습니다. 어떤 책에 이렇게 쓰여 있었습니다. "아버지의 사랑과 아버지에게 지도를 받지 못한 사람은 나중에 아버지가 되어서도 아버지의 역할이 미숙하다." 아버지가 자신을 대하는 모든 것은 귀한 경험이고, 이 경험은 자기도 모르는 사이에 자신의 신념이 되고 생활철학이 된다는 것입니다. 그러므로 장난감을 가지고 놀면서 인생을 경험하고 아버지와 어머니 역할을 하면서 노는 것은 앞으로 살아갈 인생을 미리 경험해보는 좋은 기회입니다. 그러므로 사람이 인생에서 경험하는 모든 것, 하나하나가 다 중요합니다. 어느 것 하나도 소홀할 수가 없습니다.

회사에서 직원을 채용할 때 신입사원과 경력사원을 뽑습니다. 경력사원의 장점은 사회를 경험했고, 일하는 법을 배웠으며, 상사와 부하직원의 관계를 몸으로 배우고 터득했기에 회사 입장에서는 일을 시키는 데 유익합니다.

저는 지난 주간에 신학교 시절 가까이 지냈던 선후배 목사님들과 오랜만에 만나 담소하는 시간을 가졌습니다. 그때 어떤 분이 말씀하기를 자신은 30년 이상 목회를 했는데 60세가 넘어서야 목회가 무엇인지, 기독교가 무엇인지 조금 알 것 같다고 했습니다. 그런데 놀랍게도 그 자리에 있던 목사님 대부분이 자신도 그렇게 생각한다는 것이었습니다. 30-40대에는 신학교에서 가르쳐준 대로 그리고 자신이 믿는 바대로 여과 없이 매진해나갔는데 인생을 오래 살고 목회도 오래 해보니 이제야 하나님의 마음, 성경의 의미, 성도들의 삶이 이해가 된다는 것입니다.

저는 그 말에 동의하면서도 한편으로는 아쉬운 마음이 남았습니다. 60세가 되어서야 성숙한 마음을 가졌다고 했는데, 40대나 50대에는 가질 수 없었을까 하는 점입니다. 10년만 먼저 깨달았어도 본인과 성도들에게 더 많은 영적 도움이 되었을 것입니다. 그러므로 사역자들은 10대, 20대에 주의 일을 일찍 경험하고 준비할 수 있으면 좋겠습니다. 어린아이들이 장난감을 가지고 인생을 준비하듯 10대나 20대부터 기도하고 성경을 보며 하나님께 헌신할 수 있다면 얼마나 좋겠습니까. 한국교회는 잘 준비된 목사님과 장로님 그리고 집사님들을 보고 싶어 합니다. 우리는 준비된 일꾼입니까? 최선을 다해 준비합시다.

4부

⋮

시월과
십일월
그리고
마지막 달

주인이 바뀐다

*
**

추석이 되면 우리는 가족이나 친지들과 함께 소중한 시간을 보냅니다. 물론 여러 사정상 혼자 집을 지키거나 직장에서 맡은 일을 감당하는 사람도 있을 것입니다. 혼자 명절을 보낸 사람들도 매해 그런 것은 아닐 것입니다. 어느 해는 가족이나 친지들과 좋은 시간을 보냈을 것이고, 앞으로도 좋은 시간이 있을 것입니다. 올 추석에 가족과 행복한 시간을 보낸 사람도 어떤 해는 사정이 있어서 그렇게 하지 못했을 때도 있었을 것입니다. 세상은 변하고, 각 가정이나 개인도 변화가 있기 마련이므로 "나는 항상 매해 그렇게 한다"고 말할 수 있는 사람은 없을 것입니다.

저는 이번 추석에 몇 년 만에 자녀들과 서울 도심으로 나들이를 하였습니다. 초등학교 때부터 서울 도심을 이곳저곳 찾아다녔던 제 눈에는 50여 년 전 서울 거리가 눈에 선한데, 어릴 적 보았던 건물이나 도로가 정말 많이 변해 있었습니다. 뒷골목 일부만이 옛날 모습을 유지하고 있었습니다. 식당 주인이나 동네 슈퍼마켓 주인도 옛사람이 아닌 새 주인을 맞이하였을 것입니다. 몇몇 유명한 식당들은 설립자의 아들과 딸이 이어서 운영한다고 광고하고 있었습니다. 40-50년간 운영되었고 지금까지 살아남은 식당이라면 그 음식 맛이 이제 갓 개업한 식당보다는 앞서지 않을까 생각합니다. 세계적인 명품도 100년, 200년이 된 것을 자랑하지 않습니까.

그런데 가만히 살펴보면 이 세상에는 한 사람 혹은 한 기업이 항상 성공하고 장수하는 것은 아닌 것 같습니다. 이 세상에는 기업이든 집이든 땅이든 주인이 바뀝니다. 주인이 바뀌지 않는 경우는 아주 적습니다. 제가 어려서 살던 집들도 저희 가족이 떠난 후 새로운 주인이 살고 있습니다. 저희 아버지가 사시고 기뻐하셨던 예쁜 집도 어느새인가 주인이 바뀌어 다른 사람의 소유가 되었습니다. 저는 그 집 앞을 지나면서 이 땅의 어떤 재물도 영원히 우리의 소유가 될 수 없음을 실감했습니다.

  주인이 바뀌는 데에는 여러 이유가 있습니다. 어떤 사람은 물질 관리를 잘못하여 잃어버립니다. 어떤 사람은 불의의 사고를 당해 더는 주인이 될 수 없습니다. 어떤 사람은 나이가 들어 죽게 되어 자녀나 혹은 다른 사람이 인수하여 주인이 됩니다. 억울하게 주인이 바뀌는 경우도 있는데 남에게 불의하게 빼앗기는 경우입니다. 권력이든 조폭이든 사기꾼이든 불의한 이들에게 소중한 재산을 빼앗기는 경우도 많습니다. 저희 아버지와 어머니는 모두 이북 출신이십니다. 신앙의 자유를 찾아 남으로 내려오시면서 집과 땅을 버리고 오셨습니다. 어머니는 대지주의 딸이셨는데 북한의 공산정권이 그 큰 집과 땅을 다 빼앗았습니다. 어느 날 갑자기 주인이 바뀐 것입니다. 주인은 얼마든지 바뀔 수 있습니다. 그런데 나는 빼앗긴 자이고 다른 사람이 새 주인이 될 때 특히 그 주인이 나의 원수일 때 그것은 정말 슬픈 일입니다.

  또한 저희 아버지 세대가 이 나라와 이 땅을 움직이는 주인공들이었는데 어느 날 그분들은 떠나고 이제 저와 비슷한 연령대의 인물들이 이 나라와 사회를 움직여나가고 있습니다. 주인이 바뀐 것입니다. 저는 서울 도심의 길거리를 가득 메운 젊은이들을 보면서 그들이 앞으로 이 땅의 주인이 될 것이고, 그들이 장차 빌딩이나 기업, 아파트를 소유하리라는 생각을 해봅니다. 그러므로 이 땅의 어떤 것을 지금 우리가 소유하고 있더라도 언젠가는 원하든지 원하지 않든지 소유주가 바뀐다는 점입니다. 그러므로 그 누구도 이 땅에서 주인 행세를 해서는 안 되며 하나님과 사람 앞에 겸손한 마음을 가져야 합니다.

모세가 히브리민족을 인도하여 가나안 땅으로 들어갈 때 하나님이 가나안의 일곱 족속을 내쫓으라고 하셨습니다. 그들의 죄가 찼기 때문에 하나님은 그들에게서 땅을 빼앗으신 것입니다. 그렇지만 날마다 겸손히 그리고 감사하면서 산다면 우리는 소중한 것을 우리 자신에게 그리고 후손에게 이어줄 수 있습니다. 우리의 소중한 믿음과 재산을 잘 간직해야 합니다. 무엇보다 하늘나라에 있는 우리 기업을 빼앗기면 안 됩니다.

혹사당함

*
**

일 년의 마지막 분기에 들어섰습니다. 한 해를 돌아보면서 미흡한 부분은 보완하고 잘한 부분은 열매로 거두어들일 수 있도록 세심하게 돌아보아야 합니다. 가정이나 직장이나 교회에는 할 일이 많고, 결국 사람이 그 일을 감당해야 합니다. 일을 하려면 노력도 해야 하고 수고가 따릅니다. 어느 때는 기쁜 마음으로 일하지만 어느 때는 꾀가 나기도 하고, 심하면 짜증과 불평이 생길 수도 있습니다. 사람들이 알아주고 알아주지 않고를 떠나서 감당하기 어려운 일도 있습니다. 너무 힘이 들면 내가 혹사당하고 있는 것은 아닌가 생각되기도 합니다. 누가 시켜서 일하기도 하지만 자기 자신을 일터로 내몰기도 합니다.

각 가정을 살펴보면 가정 구성원이 모두 공평하게 짐을 지기도 하지만, 어느 경우에는 한두 사람에게 과중한 짐이 몰리기도 합니다. 어느 때까지는 감당해나가지만 어느 시점에 이르면 모든 것을 포기하고 떨어져나갈 수도 있습니다.

교회에는 정말 할 일이 많습니다. 가르치는 일, 교회 건물을 살피는 일, 성도를 돌아보는 일, 주방 봉사, 하다못해 쓰레기 청소와 분리수거도 해야 합니다. 한 가정과 비교할 수 없는 많은 봉사자가 필요합니다. 은혜로운 공동체라면 어느 한 사람도 예외 없이 교회 공동체를 사랑하여 모두가 한두 가지 할 일을 맡아 봉사할 것입니다. 이렇게 될 때 모두가 기뻐하며 일하고, 어느 누구도 왜 나만 일이 많고 왜 나만 이렇게 무리하고 있냐며 불평하지 않을 것입니다.

주의 나라를 위해 수고하는 것은 귀한 일입니다. 그것은 주님을 기쁘시게 하는 것이며, 그 모든 수고가 하늘나라에 상급으로 쌓일 것입니다. 주님은 우리에게 행한 대로 갚아주신다고 마태복음 16장 27절에서 말씀하셨습니다. 그러므로 성도들은 자원해서라도 주의 나라를 위해 할 일을 찾아내고 마땅히 수고하며 기뻐해야 합니다.

그러나 교회 일은 우리의 열정으로는 오래 지속할 수 없습니다. 날마다 기도하여 주님이 주시는 힘을 받아 주님 나라를 위해 헌신해야 합니다. 저는 몸이 피곤하고 약해질 때가 있습니다. 그럴 때면 제가 저 자신을 혹사시키고 있는 것은 아닌지 돌아봅니다. 건강은 중요합니다. 그러나 우리가 건강하려고 노력하는 것은 단지 오래 살기 위해서가 아니라 주의 나라를 위해 더 많이 일하려는 것이 목적이어야 합니다. 그러므로 저는 저의 건강을 챙기기보다는 주의 나라 확장을 위해 더 노력하고 힘쓰는 것이므로 저 자신을 혹사시킨다 할지라도 만족하며 후회하지 않습니다.

저는 제 몸을 보면서 가장 수고하고 가장 많이 사용하는 부분이 어디인지 생각해보았습니다. 예상 외로 오른손 검지가 가장 수고하고 있는 것 같았습니다. 요사이 오른쪽 검지 끝이 아프고 통증을 느낄 때가 많습니다. 저는 왜 통증이 있는 것인지 생각하며 하루 동안 관찰을 해보니 아닌 게 아니라 정말 오른쪽 검지가 혹사를 당하고 있었습니다. 아침에 일어나 불을 켤 때도 그 손가락으로 버튼을 누르고, 식사할 때도 젓가락을 사용하며 그 손가락에 힘이 많이 들어갑니다. 또 엘리베이터나 집 현관 번호나 컴

퓨터나 마우스 등 여러 기계를 다룰 때도 사용합니다. 다섯 손가락 전체가 움직일 때도 많지만 손가락 하나를 쓸 경우에는 언제나 오른쪽 검지가 모든 일을 해내고 있었습니다. 저는 일주일에 3-4편의 설교를 준비하는데, 펜으로 원고를 써서 준비합니다. 그래서 글씨를 쓸 때도 검지가 가장 수고를 많이 합니다. 일 년에 두 권 정도의 책을 쓰는데 그때마다 검지의 수고는 말로 다할 수 없습니다.

저는 저희 가정과 교회를 돌아보면서 혹시 제 오른쪽 검지처럼 지나친 수고와 혹사를 당하고 있는 사람은 없는지 생각해봅니다. 어느 교회의 청년이 교회를 떠나면서 "일을 너무 많이 시켜서 떠납니다"라고 했다는 이야기를 들었습니다. 수고는 값진 것이지만 서로 짐을 나누어지는 것이 더 소중합니다. 그래서 저는 요사이 검지 대신 장지와 약지 등을 많이 사용하려 하고 있습니다. 수고하는 검지를 배려하는 것입니다. 우리는 주의 교회에서 어떤 짐을 지고 있을까요. 수고는 아름다운 것입니다. 서로 짐을 나누어집시다.

개혁의 달

***

　10월에는 교회가 꼭 기억해야 할 종교개혁 기념일이 있습니다. 마르틴 루터가 비텐베르크 성당에 95개 조항의 질의서를 붙였는데 그것을 기념하여 10월 31일을 종교개혁 기념일로 지키고 있습니다. 교회에 출석하는 신앙인들은 자기가 다니는 교회가 어떻게 출발하게 되었는지 그 근원을 자세히 살피고 알아야 합니다. 그리고 우리의 신앙 양심으로 동의할 때 진정으로 교인이 될 수 있습니다. 개신교는 로마 가톨릭이 성경 말씀에서 벗어났다고 보고 개혁자들이 앞장서고 많은 사람이 동조하여 태어났습니다. 그 후 500년이라는 시간이 지났습니다. 하나님이 장로교와 감리교, 성결교 등 개신교를 축복하셔서 이만큼 성장하게 해주신 것에 우리 모두가 감사해야 합니다. 하나님의 은혜가 아니면 어떠한 신앙이나 사조나 국가도 오래 지속할 수 없기 때문입니다.

저는 요사이 의식이 있고 생각이 깊으며 한국교회를 사랑하는 목회자들을 자주 만납니다. 그분들과 조금은 긴장되고 많은 생각을 해야 하는 여러 대화를 나누었는데, 주제는 대부분 한국교회가 더 바르게 서고 더 성장하려면 개혁해야 한다는 것이었습니다. 사실 한국교회는 그동안 자체적으로 많은 면에서 변화가 있었고, 잘못된 것을 고치려고 애를 쓰기도 했습니다. 그러나 급변하는 사회에서 교회가 중심을 잡지 못하고 엉거주춤하고 있다가는 세상 문화와 정서에 휩쓸려 떠내려갈 수도 있다는 염려가 있습니다. 그러므로 성도 한 사람 한 사람은 늘 주님 중심으로 신앙생활을 하고 성경 중심으로 교회 공동체를 섬겨야 합니다. 우리 신앙의 틀을 잡아주는 반석은 성경입니다. 성경이 우리의 힘이고, 우리가 늘 가까이해야 할 하나님의 말씀입니다.

이 시점에서 교회가 바로 세워지려면 가장 먼저 예배가 회복

되어야 합니다. 예배는 하나님과 그분의 자녀요 피조물인 우리가 창조주이신 하나님을 경배하는 시간입니다. 그리고 하나님을 만나 교제하는 신비의 시간입니다. 그러므로 예배는 영적인 시간이고, 성령이 충만히 임하는 시간이며, 하나님의 은혜 안에 잠기는 시간입니다. 그러므로 성도는 예배에 온 힘을 다해야 합니다. 영성이 있는 찬송, 영성이 있는 기도, 영성이 있는 설교가 되어야 합니다. 로마 가톨릭에 대항해 개신교가 개혁할 때에도 예배 개혁에 온 힘을 쏟았습니다. 성도가 예배에 정성을 다하지 않는다면 살아계신 하나님과 깊은 교제를 나누거나 그분의 따뜻한 사랑을 체험하기는 어려울 것입니다.

성도가 하나님과 좋은 관계를 맺지 못할 경우 나타나는 현상이 있습니다. 자기 나름대로 우상을 만들고 의지하는 것입니다. 우리는 이것을 경계해야 합니다. 하나님을 알지 못하는 사람이 우상을 섬기는 것은 어쩌면 당연합니다. 그런데 하나님을 섬기면서도 우상을 섬기는 것은 더 큰 문제입니다. 재물이 우상이 되거나 자녀가 우상이 될 수 있습니다. 그런데 표시가 잘 나지 않는 우상도 있습니다. 그것은 어떤 특정한 목회자나 특정한 교파, 특정한 교회가 우상이 될 수도 있습니다. 하나님을 보지 못하면 우리 눈에 보이는 어떤 대상을 좋아하고 따르게 됩니다. 저는 이런 부분을 냉정하게 살펴야 한다고 생각합니다.

우리의 가정에도 고쳐야 할 것이 많고, 교회나 사회 또 나라의 정치나 경제에도 고쳐야 할 부분이 많습니다. 눈만 뜨면 고쳐야 할 것이 보입니다. 저는 20대였던 젊은 시절에 고치고 싶은 것이 많아 늘 개혁자들 편에 서 있었습니다. 지금도 같은 마음입니다.

그러나 저는 요사이 다른 무엇보다도 저 자신을 돌아봅니다. 그동안 고칠 필요가 없는 것을 고친다고 하다가 더 나쁜 상태로 만들어놓은 것은 없는지 하는 생각이 들어서입니다. 박윤선 목사님이 이렇게 말씀하셨습니다. "나부터 개혁하자." 이는 남의 허물을 보기에 앞서 자신을 먼저 고쳐야 한다는 의미로 하신 말씀이라고 생각됩니다. 저는 이런 사람이 진정한 개혁자라고 생각합니다. 우리는 지금 자신의 어떤 부분을 고치고 있습니까.

치장하기

✼
✼✼

    날씨가 조금 선선해졌습니다. 지난여름 폭염으로 힘들어한 경험이 있어서 이번 겨울에 혹한이 있지는 않을까 염려가 됩니다. 어제는 제 아내가 손자의 겨울옷을 산다고 시장에 갔습니다. 값이 비싸지는 않아 여러 벌을 구입했습니다. 이제 며칠 있으면 저희 집에 올 두 살짜리 손자에게 입힐 것입니다. 저희 아들과 며느리는 일주일에 하루 정도 저희 집에서 지냅니다. 그래서 옷과 장난감 등 손자를 위한 물건이 집에 많습니다. 저희 집에 새로운 풍경이 시작되었음을 실감합니다. 그리고 그 물건들을 볼 때마다 웃음이 절로 나옵니다. 옷이나 장난감 등은 사람에게 즐거움을 주므로 의미가 있습니다.

제가 성도들의 가정을 심방하다 보면 특색 있는 물건으로 치장한 집을 보게 되는 경우가 많습니다. 해외여행을 좋아하는 가정에는 여러 나라를 상징하는 마그넷이나 토산품 등이 장식되어 있었습니다. 공부를 잘하는 학생이 있는 집에는 온갖 상장들이 벽을 장식하고 있었습니다. 운동선수의 집에는 각종 트로피와 메달들이 장식되어 있었습니다. 화초를 좋아하는 분들은 집 안에서 많은 꽃과 나무를 키우면서 아름답게 가꾸어 놓았습니다. 제가 존경하는 어느 목사님 댁에는 집 안이 온통 책으로 채워져 있었습니다. 아마 목사님은 그 책들을 읽으실 때 아니 그냥 보고만 있어도 기쁨이 넘쳐나실 것입니다. 어떤 사람은 모형자동차나 인형으로 집안을 장식하고, 어떤 사람은 웃음으로 집안을 채웁니다.

제가 전에 백두산을 가보니 산꼭대기로 오르는 길에 이름 모를 예쁜 풀과 작은 나무들이 산을 가득 메우고 있었습니다. 그때의 감격은 표현하기가 어렵습니다. 미국의 콜로라도는 달이 밝은 밤이면 하늘에서 별이 쏟아지는 장관이 연출됩니다. 사람마다 가정마다 지역마다 그리고 나라마다 자기들이 소유한 아름다운 것들이 있는데, 그것은 눈에 보이는 것이든 보이지 않는 것이든 아름다운 장식품이 됩니다.

반면 어느 집에는 심방을 갔는데 담배 연기가 온 집 안에 배여 있었습니다. 아무리 창문을 열고 탈취제를 뿌려도 냄새가 배서 없어지지 않았습니다. 저는 담배를 피워본 적이 없어서 예민하게 반응하고 불편했던 기억이 납니다.

저는 며칠 전 교도소에 수감 중인 어떤 분에게서 편지를 받았습니다. 본인이 교도소에 있는데 돈이 필요하다고 했습니다. 그러면서 저에게 도움을 청했습니다. 저는 그분을 만나본 적도 없고 통화를 해본 적도 없습니다. 그분은 4-5개월 전에도 제게 편지를 보냈습니다. 자기가 죄를 짓고 교도소에 있다가 출소했다고 했습니다. 그러면서 새 생활을 위해 돈이 필요한데 도움을 달라고 호소했습니다. 저는 그분이 보낸 장문의 편지를 읽고 후원금을 보냈습니다. 그런 그가 몇 개월 되지 않아 또 죄를 짓고 교도소에서 도움을 청하는 것이었습니다. 제 주변 사람들은 그를 돕는 일에 부정적입니다. 제게 도움을 요청한 그분 주위에는 믿음 있고 진실한 사람들이 없나 보다 하는 생각이 듭니다.

이 세상에는 아름다운 물건도 많고 아름다운 자연환경도 있습니다. 훌륭한 건축물도 여기저기 있습니다. 그러나 그 중 가장 소중한 것은 훌륭한 사람이라고 생각합니다. 어떤 사람 주변에 정의롭고 질서를 지키며 선한 사람들로 장식되어 있다면, 그런 사람은 삶을 살아갈 때 좋은 영향을 받습니다. 또한 자신이 믿음 가운데 살면서 정의롭고 선한 삶을 산다면 그는 좋은 영향을 주변에 흘려주는 훌륭한 사람이고 시민입니다.

저는 여성이 꾸미고 멋을 냈을 때 칭찬하는 일이 거의 없습니다. 칭찬받은 사람이 더욱 외모에 신경을 쓰도록 할 수 있기 때문입니다. 천국은 어떤 사람들로 가득 차 있을까요. 바로 하나님을 신실하게 믿은 사람입니다. 세상 것으로 채우지 않고 오직 믿음으로 자기 자신을 가득 채운 사람입니다. 이 세상에 귀한 것이 많지만 믿음이 있는 사람이 가장 소중합니다. 우리 자신을 믿음으로 장식해야 합니다. 하나님과 하늘의 천사들이 그리고 먼저 천국에 간 성도들이 박수를 치며 기뻐할 것입니다.

추수를 경험하라

*
**

　이 글을 쓰는 지금 가을비가 촉촉이 내리고 있습니다. 제가 가을의 한가운데 있다는 것을 몸으로 느낍니다. 어제는 가을의 풍성한 열매를 추수한다는 것이 무엇인지를 실감한 날이었습니다. 교회 식당에서 점심을 먹고 있는데 주방 한 모퉁이에 쌓여있는 흰 쌀 포대 자루들을 발견했습니다. 이 쌀들은 목사 사모인 제 여동생의 사돈이 충남 태안에서 목회를 하시는데 그 목사님이 농사를 지어 수확하신 쌀입니다. 그래서 가까운 사람들이 그 쌀을 사는데, 저희 교회도 20킬로그램짜리 다섯 포대를 산 것입니다. 서울에서 생활하는 사람들은 보통 마트에서 종이 포대에 담긴 규격화된 그리고 상표가 있는 쌀을 구입합니다. 그것이 일반적이고 자연스러운 일인데, 그런 표시가 나지 않는 쌀자루가 식당에 놓여 있는 것을 보니 한편으로는 시골스럽기도 하고 한편으로는 쌀이라는 식량이 친근하게 느껴졌습니다. 하나의 공산품이 아니라 논에서 직접 제 곁에 왔다는 친근감이었습니다.

논에서 쌀이 생산되면 정미소로 보내지고 그곳에서 포장된 후 몇 단계의 과정을 거쳐 결국 하나의 공산품이 됩니다. 저는 쌀이 이런 과정을 거치며 생명과 관련한 식량에서 단순한 상품이 되어버리는 것 같아 서운하게 느껴집니다. 그래서 상표가 없는 단순한 흰 쌀 포대는 저에게 옛날을 추억하게 하고, 농부를 생각하게 하며, 우리가 식량을 생산하는 주체이고 또한 인간에게는 식량이 꼭 필요한 존재라는 사실을 실감하게 합니다.

오늘 오후에도 즐거운 일이 있었습니다. 저희 교회 마당에 감나무 몇 그루가 있는데 올해에 감이 아주 탐스럽게 익었습니다. 하지만 키가 큰 나무에 달린 감은 아무나 달려들어 딸 수가 없습니다. 그런데 오늘 자매 한 명이 용기를 내서 감나무 가지가 뻗어있는 테라스와 창문을 열면 가지에 손이 닿는 곳에서 어른 주먹보다도 더 큰 감을 30여 개나 땄습니다. 감을 따는 자매와 옆에서 구경하던 사람 모두 그 즐거움을 함께했습니다. 두 살배기 제 손자도 그 모습을 보면서 신기해하고 자기도 따고 싶다는 몸짓을 해보였습니다.

오늘은 추수하는 날인가 봅니다. 제 아내가 전북 군산과 영암에 다녀왔습니다. 심방할 곳도 있었고 가까이 지내는 동역자의 집과 교회도 방문하였습니다. 그런데 귀가한 차량의 트렁크와 뒷좌석에 온갖 곡식과 채소가 가득하였습니다. 방문한 곳마다 친정어머니가 시집간 딸에게 주듯 농사지은 것들을 정성껏 챙겨준 것입니다. 아내가 가져온 것은 고추, 무, 배추, 호박, 감, 찹쌀, 된장, 간장, 무청이었는데, 사람이 거의 살지 않은 외딴곳 청정지역에서 수확한 것이라 더욱 의미가 있었습니다. 부지런한 제 아내는 들에 있는 돌미나리까지 보너스로 걷어 왔습니다.

농사한 열매들은 사람의 손을 거치지 않고 어느 누가 더하거나 뺀 것이 없는, 첨가물이나 인위적인 가공 없이 하나님이 허락하신 자연 그대로 순수한 것들이었습니다. 우리가 그것을 음식으로 삼고 먹으면 우리에게 영양분이 된다는 것은 정말 신비롭습니다. 마치 땅과 우리가 하나가 되고, 하나님과 우리 인간이 하나가 되는 듯한 벅찬 감동이 느껴집니다. 서울에서 자라서 추수의 기쁨을 거의 맛보지 못한 저는 오늘 하루 순수한 한 인간이 된 느낌이었습니다.

하나님이 키우시는 채소와 곡식이 우리에게 직접 온 것은 직거래보다도 더 깊은 의미가 있습니다. 생산자와 소비자가 하나 되는 과정과도 같은 것입니다. 저는 수확된 농산물이 현장에서 직접 저의 식탁에 오르는 것을 보며 생각이 많아졌습니다. 우리가 하나님을 만나는 과정도 혹시 너무 빙빙 돌고 있거나 멀리 떠나 헤매고 있는 것은 아닌지 생각해봅니다. 농산물이 어떤 과정도 거치지 않고 필요한 사람 손에 직접 들어오듯이 우리도 하나님을 직접 만나면 좋겠습니다. 왜곡된 신학이 첨가되어 편협해지거나 변형되지 않은 하나님을 말입니다. 순수하신 하나님이 우리를 기다리십니다. 누가 가르쳐준 하나님도 아니고, 누구를 통해 알게 된 하나님도 아닌 우리 자신이 직접 살아계신 하나님을 만났으면 좋겠습니다. 사람의 사상이 개입되지 않은 성경 그대로의 하나님 말입니다. 하나님께 가까이 나아가십시오.

빈 땅 차지하기

*
**

　가을이 깊어가면 우리는 자연스레 가을걷이, 즉 추수와 관련한 이야기를 하게 됩니다. 우리는 가을에 곡식과 채소 그리고 과일 등을 추수하는데, 희한하게도 열매에 관한 이야기는 듣고 또 들어도 지루하지 않고 식상하지 않습니다. 열매에 관해 말하는 사람이나 듣는 사람 그리고 열매를 보는 사람도 기쁘지만, 열매를 먹는 사람은 더 기쁠 것입니다. 큰 논과 밭에서 짓는 것만 농사가 아니라 조그마한 텃밭이나 옥상에 큰 화분을 놓고 채소를 길러서 먹는 것도 농사라고 할 수 있습니다.

저희 교회 뒷마당에는 조그만 텃밭이 있습니다. 지난봄부터 여름까지 각종 채소를 심어 주일날 식사 때마다 사용했습니다. 아주 즐거운 일이었습니다. 값으로 따지면 큰돈이 되지 않지만 도시 한가운데에서 반찬으로 사용할 만큼 수확한 것은 큰 의미가 있다고 생각합니다. 저는 오늘 또 한 번 감사했습니다. 저희 교회 뒷마당 텃밭에서 여성들이 들기 어려울 정도로 큰 호박을 10여 개나 수확한 것입니다. 사실 저희 교회가 가진 텃밭만으로는 이만큼의 호박을 얻기 어렵습니다. 그런데 교회 뒷마당 텃밭 옆에는 재건축을 준비하는 넓은 공터를 가진 주택이 있습니다. 사람도 살지 않고 재건축도 하지 않고 있는데다 저희 교회 텃밭 사이에 담도 없습니다. 그래서 성도들이 호박 모종 몇 개를 공터에도 심었던 것입니다.

교회 뒤 200평 가까운 땅은 사실 지난 한 해 동안 공터가 아니었습니다. 그 땅을 둘러보니 수많은 잡초가 자라고 있었습니다. 이름 모를 풀이지만 뿌리를 내리고 자신들 땅처럼 산 것입니다. 아마 그들은 그 안에서 치열하게 경쟁하고 다투었을 것입니다. 그들 중에는 이름은 모르지만 어디서 본 듯한 예쁜 꽃들이 여기저기 자기 영역을 만들었습니다. 얼마 전에는 한 성도가 그 땅에서 뱀을 보고 놀라기도 했습니다. 뱀도 그 땅에 굴을 파고 살았던 것입니다. 물론 이름 모를 벌레들도 자기 집을 짓고 그 땅에서 살았을 것입니다.

저희 교회 성도들이 심어놓은 호박들도 있는지 없는지 모르게 수풀 속에 묻혀 있었지만, 우람하게 자신을 키워나간 것이었습니다. 그들은 경쟁하고 각축을 벌이면서도 한편으로는 서로 협력하고 서로 인정하면서 한 공간에서 살았을 것입니다. 결론적으로, 호박이 많은 열매를 맺은 것을 보니 최후의 승자는 호박이 아닐까 싶습니다.

저는 오늘 그 공터를 생각하면서 우리 자신을 돌아보았습니다. 우리 마음에도 공터가 있을 것입니다. 마음에 빈 곳이 거의 없는 사람도 있지만, 어떤 사람은 마음의 상당한 부분이 텅 비어 마치 공터처럼 찬바람이 불고 모래바람이 불어 메말라 있을 수도 있습니다. 또한 강렬한 태양빛과 열기 때문에 식물처럼 가슴 속이 타버린 사람도 있을 수 있습니다.

그러나 분명한 것은 일시적으로는 빈 마음일지 모르지만 실상은 그 빈 마음을 차지하려는 힘에 의해 여러 방면에서 공격을 받고 도전을 받는 부분도 있다고 생각합니다. 어쩌면 본인도 모르게 이미 그 빈 공간을 누군가 차지했을지도 모릅니다. 누가 그 마음을 차지하기 위해 도전장을 냈다고 생각합니까? 보나 마나 세상의 타락한 문화가 성도의 마음에 씨를 뿌리려 했을 것입니다. 그리고 마음 전체를 차지하기 위해 오늘도 여기저기 손을 뻗칠지 모릅니다. 작은 벌레들이 공터에 살듯이 작지만 영적으로 손상을 주는 잡생각들이 씨를 뿌렸을지 모릅니다. 더 무서운 것은 공터에 뱀이 살듯이 사탄이 뱀이 되어 우리 빈 마음에 들어와 집을 짓고 사는 것입니다. 그러면 우리는 사탄의 노리개가 될 것입니다.

우리가 마음에 열매를 맺기 원한다면 오직 하나님 말씀을 듣고 읽으며 기도에 힘써야 합니다. 성도의 마음에 결코 빈 땅을 남겨두어서는 안 됩니다. 성령이 우리 마음에 충만히 임하시도록 힘써야 하고, 그래야 성령의 열매를 맺습니다. 이 가을에 열매 맺는 우리가 됩시다. 주님께 귀한 열매를 드립시다.

생존

*
**

출근하면서 차창 밖을 보니 가로수에서 떨어진 낙엽이 도로에 쌓이기도 하고 여기저기 바람에 굴러다니기도 합니다. 이제는 어디를 보아도 정겨운 가을 풍경이 펼쳐집니다. 나뭇가지에 붙어있던 새파란 잎사귀가 낙엽이 되어 떨어지는 이유는 날씨가 추워져 나무가 햇빛과 물 등 충분한 영양소를 섭취하지 못하므로 영양분을 아껴 자신의 생명을 유지하려고 이파리를 분리하고 떨어뜨리는 것이라고 합니다. 나무는 이렇게 해야 혹독한 겨울을 이겨낼 수 있는 것입니다. 겨울을 나기 위해 곰도 굴에 들어가 겨울잠을 자고, 뱀도 땅속으로 숨어 들어갑니다.

사람도 겨울을 준비합니다. 두꺼운 옷을 준비하고 난방을 하여 집 안을 따뜻하게 합니다. 우리가 사는 사회도 경제가 어려워지면 모두가 긴장하고 지출을 줄입니다. 정치적 변동이 있다면 이해 당사자는 물론 모두가 언행을 조심합니다.

우리는 하나님을 믿지만 우리 믿음이 공격을 받거나 심하면 박해를 받을 수 있습니다. 초대 기독교는 로마 황제에게 박해를 받아 많은 그리스도인이 직장에서 쫓겨나고 감옥에 갇혔으며, 심지어 사형까지 당했습니다. 로마의 거대한 경기장에서 수많은 사람이 지켜보는 가운데 사자 밥이 되기도 하였습니다. 지난 2천 년 교회사를 살펴보면 진리를 위하고 하나님 나라를 위하여 사는 사람들이 어느 때는 내부적으로 공격을 받고, 어느 때는 타 종교나 외부 권력의 박해를 받아 목숨을 잃었습니다. 우리나라의 경우 지금까지 기독교 순교자는 2,600여 명에 이르고, 지난 20년간 전 세계적으로 총 500만 명 이상이 박해를 받고 사망한 것으로 보고됩니다(참조. 미국해외선교연구센터). 학자들은 지난 2천 년간 믿음을 지키기 위해 순교한 사람이 5천만 명이 넘을 것으로 추산합니다.

저는 대한민국에서 자유롭게 교회를 다니고 성경을 읽으며 신앙생활을 할 수 있는 것에 대해 눈물겹게 하나님께 감사드립니다. 한국기독교는 일본제국주의와 북한의 불의한 정권으로 인하여 핍박을 받고 어려움을 겪었지만, 이렇게 대한민국 안에서 자리를 잡고 성장하고 있는 것은 하나님의 은혜이자 헌신적인 목회자와 성도들이 있었기 때문이라고 믿습니다. 앞으로 우리나라에서 교회는 더 성장할 것이고, 세상의 빛과 소금 역할을 다하리라 생각합니다.

우리가 한 가지 기억해야 할 것은 이 세상의 권력과 문화와 사상은 그것을 꽃피우는 전성기도 있지만 언젠가는 겨울을 맞이할 때도 있다는 것입니다. 겨울은 순간순간 다가올 수도 있고, 길게 보면 10년, 20년 후 다가올 수도 있습니다. 우리의 신앙을 공격하는 것은 사탄입니다. 그러나 사탄의 모습은 우리 눈에 잘 보이지 않습니다. 그래서 긴장감이 떨어질 수 있습니다. 사탄은 다른 변형된 모습으로 우리에게 쳐들어오는 경우가 많습니다. 보통 타락한 문화의 모습으로 옵니다. 또한 기독교와 반대되는 사상을 가진 권력일 수 있습니다. 또한 기독교의 성장을 시기하는 사람들일 수 있습니다. 기독교에 대해 건전한 비판을 하는 사람들도 있지만, 대부분 기독교를 적대하는 세력이 많습니다.

사탄은 어느 때는 내부에서 어느 때는 외부에서 다양한 모습으로 교회를 무너뜨리려고 할 것입니다. 그러나 우리는 교회를 굳건히 세워나가야 합니다. 왜냐하면 교회의 머리는 예수 그리스도이시고, 교회가 구원받은 백성을 불러내어 하나님의 사람들로 양육하는 중요한 역할을 하고 있기 때문입니다. 교회는 하나님을 믿는 사람들의 거룩한 공동체이지만 죄인들이 끊임없이 들어와야 하는 곳이기도 합니다. 그래서 교회는 거룩해지는 것을 목표로 하지만 죄인도 많고 허물도 많으며 개선해야 할 것도 많습니다. 그래서 교회입니다.

짐승이나 나무도 겨우살이 채비를 하고, 정치인이나 기업가도 혹독한 불경기라는 추위를 항상 대비합니다. 우리도 신앙을 지키고, 교회를 지키며, 하나님 나라의 확장을 위해 긴장해야 합니다. 우리에게 언제 추운 겨울이 닥칠지 모르기 때문입니다. 그러므로 믿음을 강하게 다지는 데 힘써야 합니다. 감격스럽고 멋진 신앙을 이어가십시오. 열매를 맺으십시오.

영적 세계를 알자

*
* *

　지난 주간에는 대학입학을 위한 수학능력시험이 있었습니다. 수험생과 부모 그리고 온 가족이 그동안 많이 수고했을 것입니다. 시험을 보는 목적은 장차 대학에 들어가 하고 싶은 공부를 잘할 수 있을지 지식을 테스트하는 것입니다. 세상에서 학문을 쌓고 실력을 키워야 사회와 기업을 위해 일할 수 있고, 국가를 위해서도 일할 수 있습니다. 그래야 가정도 든든히 세워나가게 됩니다. 그러므로 지식을 얻기 위해 노력하는 것은 힘이 많이 드는 일이지만 모든 사람이 도전해야 하는 것입니다.

예수님을 믿는 신자는 믿지 않는 사람보다 하나님 나라에 대하여 훨씬 많은 지식이 있습니다. 성경을 읽고 설교를 들으면서 그리고 기도하고 봉사하면서 하나님을 알아갑니다. 그리고 구원의 길이 무엇인지도 알게 됩니다. 성도는 무엇보다 천국에 대해 알아야 합니다. 성도는 장차 영혼이 하늘나라에 가야 하기 때문입니다. 영적인 것을 잘 알아야 진정한 지식인이라고 할 수 있습니다.

그런데 호세아 4장 6절을 보면 하나님이 이스라엘 백성에게 "내 백성이 지식이 없으므로 망하는도다"라고 하셨습니다. 이 말씀에서 이해가 어려운 부분은 이스라엘 백성이 어떻게 하나님을 아는 지식이 없을까 하는 것입니다. 이스라엘에는 제사장도 많았고, 장로도 많았으며, 교사도 많았는데 하나님은 지식이 없다고 심하게 질책하시는 것입니다.

요한계시록 2장 24절에는 주님이 아시아의 일곱 교회 중 하나인 두아디라 교회를 책망하시는 대목이 나옵니다. 그때 주님은 교회가 "사탄의 깊은 것을 알지 못한다"라고 책망하셨습니다. 하나님에 대해 모른다거나, 세상에 대해 모른다거나, 아니면 철학 지식과 언어가 부족하다고 하신 것이 아니라 사탄의 깊은 것에 대해 알지 못한다고 지적하신 것입니다. 이것이 그들의 부족한 부분이었습니다.

성도는 사탄에 대해 잘 알아야 합니다. 왜냐하면 사탄은 성도를 공격하여 하나님을 사모하지 못하게 하고, 세상을 좋아하게 하며, 죄를 짓게 하여 결국 천국에서 멀어지게 하기 때문입니다. 사탄의 음흉한 계략에 넘어간다면 구원에 심각한 문제가 생길 뿐 아니라 하늘나라 상급이 줄어들거나 사라질 수 있습니다. 그러므로 성경을 통해 또한 사탄의 위험성을 알려주는 책들을 통해 사탄의 활동을 알아야 합니다. 성도가 늘 기도하고 영적으로 깨어있다면 성도를 공격하고, 교회를 무너뜨리며, 이 세상을 혼란스럽게 하면서 전쟁과 공포로 몰아가는 사탄의 활동을 눈치챌 수 있고 분별할 수 있습니다.

제가 목회를 하면서 아쉬운 부분이 있다면 한국의 목회자나 성도들이 사탄에 대해 말하는 것을 그리 좋아하지 않는다는 것입니다. 사탄에 대해 이야기하면 대부분 사람은 왜 은혜의 하나님에 대한 이야기나 예수님이 십자가를 지시고 우리 죄를 속량해주신 이야기 혹은 성도는 다 축복된 자이고, 주님의 신부라는 좋은 이야기는 하지 않고 왜 어두컴컴하고 징그러우며 생각하고 싶지 않은 사탄에 대해 말하느냐며 항의합니다. 대부분 그리스도인은 주님이 이미 사탄을 다 물리쳐주셔서 우리는 걱정할 것이 없다고 생각하는 것입니다. 그러나 저는 천성을 향해 나아가는 성도를 사탄이 훼방하는 것은 지금도 실제로 일어나고 있는 일이라고 생각합니다. 그래서 아무리 하나님을 믿는 성도라 할지라도 우울해하고, 걱정하며, 인생을 포기하고, 자살하며, 믿음 생활에 힘쓰지 않고 큰 죄를 짓는 등 부정적인 일들을 하는 것입니다.

우리가 사는 이 시대는 죄가 관영하고 사탄이 크게 활동하는 시대입니다. 노아 홍수 때나 소돔과 고모라 성이 멸망할 때와는 다르다고 자신할 수 없습니다. 우리는 우리가 사는 이 시대를 영적인 눈으로 바라보고 하나님의 일하심과 사탄의 활동을 알아채고 깨달아야 합니다. 영적인 눈을 가진 영적인 지식인이 되어야 합니다. 우리 자신을 알고 원수를 알아야 전쟁에서 승리할 수 있습니다. 영적 전쟁에서 승리합시다.

이 시대의 특징

*
**

날씨가 쌀쌀해졌습니다. 저희 교회 뒤에 있는 공원에 나가 보니 산책을 하는 어르신들이나 엄마와 함께 놀이기구에서 노는 아이들의 모습이 잘 보이지 않습니다. 가끔 배드민턴을 치는 사람들도 있지만, 흥이 나는 운동이나 공놀이를 하는 모습은 보이지 않습니다. 이제는 밖에서보다는 가정이나 실내에서 운동이나 맨손 체조를 해야 할 것 같습니다. 날이 차가워지면 실내경기가 많이 개최됩니다. 요사이는 농구나 배구경기가 사람들의 관심을 받으며 열리고 있습니다. 지난여름과 가을에는 야구와 축구경기가 많이 열렸는데, 정말 많은 관중이 관람하면서 지지하는 팀을 응원하는 모습이 텔레비전을 통해 많이 중계되었습니다. 이 시대를 살아가는 많은 사람이 스포츠에 열광하고 있습니다. 우리 주변에는 스포츠 선수들의 이름뿐 아니라, 그들의 경력과 성적을 줄줄 외우는 사람들도 있습니다. 그들의 암기력에 놀랄 따름입니다.

제가 대학을 다닐 때 어느 교수님이 이 시대를 정의하면서 '3S 시대'라고 하신 기억이 납니다. 즉, 첫 자가 'S'로 시작하는 영어의 세 단어가 이 시대를 말해준다는 것입니다. 첫째는 'Sports'입니다. 역시 스포츠는 사람의 마음을 빼앗기에 충분한 것 같습니다.

또 하나의 'S'는 'Speed'입니다. 즉 속도입니다. 아닌 게 아니라 이 시대는 그 속도감이 엄청납니다. 자동차나 철도의 속도도 나날이 빨라집니다. 광케이블의 속도도 엄청납니다. 무엇보다 이 세상의 모든 면이 숨쉬기도 어려울 만큼 빠르게 진화하고 변하고 있습니다. 성도가 아무 생각 없이 세상을 따라간다면, 하나님께 가까이 나아가는 침묵과 경건의 시간은 침해를 받을 수밖에 없습니다.

또 하나의 'S'는 'Sex'입니다. 즉 성(性)인 것입니다. 하나님은 인간을 남성과 여성으로 창조하셨습니다. 그리고 서로 사랑하며 행복한 부부로 살도록 정하셨습니다. 그리고 그 안에서 아름다운 자녀가 태어나 멋진 가정을 이루기를 원하신 것입니다. 그러므로 하나님 말씀대로 살기 원한다면 결혼을 하고 하나님이 기뻐하시는 가정을 이루어 잘 지켜나가야 합니다. 누구도 하나님의 이러한 뜻에 이의를 제기할 수 없습니다. 그런데 문제는 남편과 아내가 아닌 제3의 성적 행동들입니다. 오늘날 이 세상에는 문제가 되는 이 제3의 행동들이 심하게 나타나고 있으니 심히 염려가 됩니다. 우리는 하나님이 이 세상을 통치하시고 선과 악을 분별하신다는 것을 늘 인식해야 합니다. 우리는 소돔과 고모라 성이 멸망한 원인이 무엇보다 성적인 타락이었다는 것을 알아야 합니다. 언젠가 하나님이 개인과 나라와 민족의 성적 타락에 대해 심판하실 때가 있을 것입니다.

하나님은 우리에게 두렵고 떨림으로 구원을 이루라고 빌립보서 2장 12절에서 말씀하셨습니다. 우리 마음을 빼앗는 스포츠나 스피드 그리고 섹스는 정말 조심하고 절제하면서 하나님 앞에서 생각하고 접근해야 합니다. 우리는 하나님을 바라보고 천성을 바라보며 살아야 하는데, 이런 것들은 언제라도 우리 마음을 빼앗아갈 수 있습니다. 스포츠, 스피드, 섹스 말고 우리에게 꼭 필요한 'S'자로 시작되는 단어가 있습니다. 바로 'Spirit'입니다. 영 또는 영적이라는 말입니다. 성도는 영적 존재입니다. 영이라는 'Spirit' 앞에 'Holy'가 붙으면 'Holy Spirit'입니다. 거룩한 영이신 성령을 뜻합니다. 성령이 우리 영에 임하시면 우리는 하나님의 사람으로 늘 기쁘고 감사하며 거룩하게 살 수 있습니다. 이 세상이 아무리 좋아 보여도 성령과 동행하는 것보다 더 좋은 것은 없습니다. 이 세상의 즐거움은 오래 지속되지 못합니다. 하나님과 교제하며 그분에게서 참 기쁨을 누립시다.

열매로 알다

***

　이제 한 해의 마지막 달인 12월이 되었습니다. 12월은 한 해를 마무리하는 동시에 새해를 계획하고 준비하는 중요한 달입니다. 연말이면 대개 개인적으로는 친구들을 만나거나 직장에서는 회식을 하는 경우가 많습니다. 하지만 책임을 지는 위치에 있는 사람들은 내년 예산과 올 해 결산을 해야 하므로 오히려 더 긴장되고 신경이 쓰이는 달일 것입니다. 일 년 동안 일한 것에 대한 결산은 기업체뿐 아니라 교회도, 성도 한 사람 한 사람도 주님 앞에 다 내어놓고 검사를 받아야 합니다. 실적에 대한 결산은 결코 기업에 해당하는 일만은 아닙니다.

우리나라의 국가 예산도 이때쯤 세워집니다. 예산을 세우려면 어느 부분에 얼마를 사용해 얼마만큼의 실적을 올렸는지 평가해야 합니다. 최근 우리나라는 사회적 약자들과 복지를 위한 예산을 대폭 늘렸다고 합니다. 가난하고 약하며 병들고 신음하는 사람들을 위해 국가가 관심을 기울이는 것은 환영할 일이고, 예산을 사용한 방법과 결과까지 좋다면 이보다 더 기쁜 일은 없을 것입니다.

교회들도 이때쯤 한 해 살림살이에 대한 예산과 결산을 합니다. 교회마다 상황은 다르겠지만, 교회의 규모가 크거나 작거나 간에 바람직한 곳에 성도들이 헌금한 물질이 잘 쓰이면 좋겠습니다. 어느 누가 들여다보아도 솔직하고 당당하게 교회의 재정이 사용되면 좋겠습니다. 사회를 향해, 이 세상을 향해 "보아라, 우리는 이렇게 물질을 사용한다. 우리에게 배우면 좋겠다!"라고 당당하게 말할 수 있다면 세상을 향한 교회의 모습이 얼마나 떳떳하고 힘이 나겠습니까. 이렇게 할 수 있다면 아마 교회는 지금보다는 좀 더 신뢰받는 단체가 될 것입니다. 이것은 지켜보는 눈이 무서워서 그렇게 하는 것이 아니고, 우리 양심에 거리낌이 없게 하려는 것입니다. 주님도 보시고 기뻐하실 것입니다.

성도 한 사람 한 사람도 한 해의 결산을 해야 합니다. 우리가 직장생활을 하든 사업체를 운영하든 수입과 지출은 있습니다. 모든 물질은 하나님이 우리에게 허락하신 것임을 인정하고 청지기의 자세로 사용해야 합니다. 가정생활을 위해 당연히 물질을 사용하지만 주님 나라를 위해 그리고 이웃을 위해 물질을 사용해야 합니다. 이 세상에서 우리 자신이 가장 소중하기에 우리 자신을 위해 물질을 사용할 수 있지만, 그럼에도 지나치지 않도록, 낭비가 되지 않도록 사용하면 좋겠습니다. 우리가 받은 소중한 물질을 어디에 사용했는지는 시간이 지나면 그 결과가 나타날 수밖에 없습니다. 옳은 곳에 물질을 사용했다면 세상이 알고 주변 사람들이 압니다. 무엇보다 주님이 아십니다. 그리고 주님이 이 땅에서와 저 하늘나라에서 칭찬해주실 것입니다. 저는 이 사실을 믿고 지금까지 살고 있습니다. 그리고 주님의 따뜻한 사랑도 많이 받고 있다고 증언하고 싶습니다.

저는 충청북도 충주에 있는 탄금대라는 곳을 몇 차례 가보았습니다. 거기에는 눈에 띄는 시비가 하나 있는데, 저는 그 시가 자주 떠오릅니다. 권태응 시인이 쓴 "감자꽃"이라는 시입니다.

자주 꽃 핀 건 자주 감자
파 보나 마나 자주 감자
하얀 꽃 핀 건 하얀 감자
파 보나 마나 하얀 감자

넉 줄짜리 36자밖에 되지 않는 짧은 시이지만, 저는 이 시를 읽을 때마다 어느 때는 비수같이, 어느 때는 해학적으로, 어느 때는 저를 비웃는 것 같은 느낌을 받으며 감동과 긴장감을 동시에 받습니다. 저는 초등학교 시절 음악 시간에 이 시를 가사로 하는 노래를 배웠는데, 이렇게 의미가 있는 시인 것을 어린 저로서는 알기 어려웠습니다.

우리가 어떻게 인생을 살고 어떻게 주님을 섬기고 있는지, 세상도 알고 주님도 금방 아실 수 있습니다. 깊이 추적하고 따로 연구하지 않아도 우리가 사는 모습은 감자꽃과 같아 그 열매가 어떤지 금방 알게 되는 것입니다. 올해 여러분은 무슨 색깔, 무슨 열매를 맺었습니까? 열매를 캐서 세상에 내놓으십시오. 그리고 평가를 받으십시오. 부디 탐스러운 열매를 주님께 드리기 바랍니다.

잘 익은 열매처럼

*
**

    10여 일만 있으면 예수님이 탄생하신 크리스마스입니다. 이 세상에서 가장 기쁜 소식은 하늘에 계셨던 하나님이신 예수님이 인간의 모습을 입고 이 땅에 태어나신 것입니다. 예수님은 아기로 이 땅에 오셔서 보통 아기들과 똑같이 자라셨습니다. 주님은 권력이 있거나 부유한 집에서가 아닌 평범한 목수의 가정에서 태어나셨고, 부모님의 보호를 받으며 성장하셨습니다. 아버지 요셉과 어머니 마리아는 비록 유력한 가문은 아니지만, 영적으로 성숙하고 믿음이 충만한 가정의 사람들이었습니다. 그들의 희생적인 돌봄 속에서 예수님은 훌륭한 청년으로 성장하셨고, 때가 되어 하나님 나라를 선포하셨습니다. 가난하고 약하며 병들고 온갖 고통으로 신음하는 연약한 백성을 위해 사셨습니다.

주님은 돌아가시기 전날 밤, 제자들에게 떡과 포도주를 주시면서 떡은 나의 살이고, 포도주는 나의 피라고 하셨습니다. 주님은 결국 자기 자신을 죄인인 인생들에게 양식으로 다 주셨다는 말씀입니다. 주님은 자신의 생명을 조금도 아끼지 않고 우리를 살리기 위해 다 주신 것입니다. 예수 그리스도를 믿는 성도는 예수님이 지금도 우리에게 영적인 양식과 육적인 양식을 주셔서 우리가 이 땅에서 살아가고 있고, 장차 영원한 천국인 하늘나라에서 살 수 있게 되었음을 믿고 감사해야 합니다. 진실한 믿음의 성도들은 주님이 우리를 위해 희생하시고 우리의 양식이 되셨다는 것을 생각하고, 우리도 세상에서 밥이 되고, 먹을거리가 되며, 세상이 필요로 하는 양식처럼 살겠다는 각오를 다지고 실천하는 삶을 살아야 합니다.

세상에서 생명을 살리는 양식 같은 삶을 살려면 우리에게 먹을거리를 제공해주는 곡식이나 과일, 채소 등을 생각하면 좋은 교훈을 얻을 수 있습니다. 하나님의 은혜로 우리나라는 올해도 풍작을 거두었습니다. 하나님이 대한민국을 사랑하시기 때문일 것입니다. 성도는 식사 때마다 진심으로 하나님께 감사해야 하고, 양식이 식탁에 오르기까지 수고한 농부와 상인에게도 감사해야 합니다. 제가 제일 좋아하는 반찬은 잘 익은 김치입니다. 저는 잘 익은 김치를 능가할 음식은 없다고 생각합니다. 요사이 저는 식사 때마다 고구마를 곁들여 먹습니다. 노릇노릇한 색깔의 단맛이 나는 잘 익은 고구마는 정말 멋진 식량입니다. 그 외에도 잘 익은 감이나 잘 익은 배 등도 정말 하나하나 다 귀한 먹거리입니다. 생산되는 지역에 따라 특성이 있지만 잘 익은 과일은 향과 맛이 일품인데다, 보기도 좋고 먹기도 좋으며 영양까지도 풍부합니다. 잘 만들어진 음식은 우리를 기쁘게 합니다.

물론 그렇지 않은 것도 있습니다. 잘 익지 않아 떫떠름한 맛을 내는 과일도 있고 썩은 과일도 있습니다. 아무리 값비싼 고기를 재료로 삼았어도 질기고 짜고 냄새가 나서 먹기 힘든 음식도 있습니다. 심하게 말하면 독버섯이 자기도 음식의 재료인 양 행세하여 사람의 생명을 크게 위협할 수도 있습니다.

우리는 생각해보아야 합니다. 우리 자신이 과일이나 채소 또는 조리된 음식이라고 했을 때, 과연 다른 사람들에게 얼마나 즐거움과 유익을 주는 음식인지를 냉정하게 판단해야 합니다. 나와 함께 사는 사람 그리고 나와 교제를 나누거나 함께 일하는 사람들이 나를 대하고서는 맛있는 과일을 먹은 것처럼 그리고 잘 조리된 음식을 먹은 것처럼 기뻐하며 생명을 살리는 영양가 있는 음식을 먹은 듯한 만족을 주는 삶을 살았는가 하는 것입니다. 진실한 성도는 주님처럼 이웃에게 좋은 양식이 되어야 합니다. 주변을 살리는 양식 같은 삶이 최고의 삶입니다. 우리도 주님처럼 사람을 살리는 양식이 됩시다.

원형

*
**

　어느덧 한 해의 마지막 주간이 되었습니다. 특히나 오늘은 크리스마스입니다. 저는 유치부 때 서울 창신동에 있는 창신교회에 다녔는데, 그 후로 여러 교회에 출석하면서 성탄절을 맞이할 때마다 가슴 설레었던 기억이 납니다. 1960-70년대만 해도 성도들의 집을 방문하여 성탄 노래를 불러주는 새벽 송 행사가 있었습니다. 우리는 그렇게 방문한 집에서 받은 선물을 자루에 담아 교회로 메고 와 어려운 이웃을 돕는 데 사용했습니다. 그리고 새벽 송이 끝나면 장로님이나 집사님 댁에서 떡국을 끓여주셔서 맛있게 먹었습니다. 성탄 선물 교환하기, 성탄 카드 돌리기, 성탄 트리 장식하기, 성탄절 축하 행사 등은 정말 온 성도의 기대

속에 성대하게 치러졌습니다. 지금은 그 시절보다 경제적으로 여유가 있고, 사회 곳곳에서 수많은 행사가 개최되지만, 옛날에는 교회에서 치러지는 성탄절 행사가 큰 축제였습니다.

성탄절은 두말할 것 없이 예수님의 탄생일을 기념하는 날입니다. 지금부터 2천여 년 전에 예수님이 탄생하신 날이 정확히 며칠인지는 모르지만 교회가 정하여 지키고 있습니다. 우리는 하늘에 계셨던 하나님의 아들이시며 또한 하나님이신 그리스도가 어린아이로 이 땅에 태어나신 것을 믿습니다. 이 탄생을 믿어야 그리스도인이 될 수 있고, 기독교도 예수님의 탄생을 믿지 않는다면 존재할 근거가 없습니다. 예수님은 이 땅에서 태어나셨고 부모의 손에서 양육되셨으며, 서른이 되어서 활동을 시작하셨습니다. 그리고 인간의 죄를 대속하시기 위해 십자가에 달려 죽으셨습니다. 그리고 지금도 인간을 사랑하셔서 성령을 이 땅에 보내시고 우리 속에서 구원의 역사를 이루어가게 하셨습니다. 예수님과 관련한 이 모든 것이 복음의 원형인데, 이 원형은 고쳐지거나 바뀔 수 없으며, 누구도 자기 뜻대로 이 원형을 변질시킬 수 없습니다.

저는 이 세상에서 보존하고 지켜나가야 할 소중한 것이 많다고 생각합니다. 국가적으로, 민족적으로, 개인적으로도 있습니다. 특히 기독교는 진리를 잘 지켜나가야 합니다. 저는 신학교에 다닐 때 제 은사이셨던 차영배 교수님을 많이 생각합니다. 그분은 조직신학을 가르쳐주셨는데, 특히 하나님이신 성부와 성자와 성령에 대해 가르쳐주셨습니다. 특히 성령에 대한 통찰이 상당히 폭이 넓으셨고, 성령의 은사에 대해서도 깊이 가르쳐주셨습니다. 당시 상당수 신학자가 이론에 치우치고 사변적이며 성령의 활동에 대해 소극적으로 생각하는 분위기였는데, 교수님은 이를 조금도 개의치 않으시고 성령의 역사를 피력하신 것입니다. 저는 그분이 기독교의 원형을 지키신 훌륭한 학자였다고 생각합니다. 특히 교수님은 40-50세밖에 되지 않은 나이에도 백발이셨는데, 염색도 하지 않으시고 자연 그대로 유지하고 사신 것이 참 매력적이었다고 생각합니다.

요사이 곳곳에서 원형을 유지하려는 시도가 많이 나타나고 있습니다. 쉽게 눈에 띄는 것이 청계천입니다. 과거에는 청계천을 복개하고 그 위에 고가도로를 놓았었는데, 그 모든 것을 철거하고 물이 흐르는 개천으로 원상 복구를 하니 그 경관이 정말 보기에 좋습니다. 삼각지 로터리의 고가도로도 철거하였고, 아현

고가도로도 철거하여 원래 모습을 되찾게 되었습니다. 우리나라는 바다를 메워 간척지로 만든 곳이 많은데, 요사이 원상태로 돌려놓으려는 시도가 많다고 합니다. 사람이 이런저런 시도를 해보아도 원래의 모습이 가장 아름답습니다.

    성탄절을 맞이하여 다시 한 번 생각해봅니다. 교회가 신앙을 지키고 교회다운 교회의 모습으로 돌아갈 때 멋진 교회가 될 수 있습니다. 예수님의 탄생, 예수님의 죽으심과 부활, 성령의 역사하심, 천국, 이것이 기독교의 원형입니다. 본질이 아닌 것은 언젠가 무너집니다. 본질을 잃지 말고 본질에 충실한 성도와 교회가 됩시다.